neue frau
herausgegeben von
Angela Praesent

Mein Vater

Frauen erzählen vom ersten Mann ihres Lebens

Herausgegeben von
Margot Lang

rororo

Rowohlt

Originalausgabe
Veröffentlicht im Rowohlt Taschenbuch Verlag GmbH,
Reinbek bei Hamburg, April 1979

Umschlagentwurf Isa Petrikat-Velonis
Gesetzt aus der Aldus (Linotron 505 C)
Gesamtherstellung Clausen & Bosse, Leck
Printed in Germany
380-ISBN 3 499 14357 7

Die rororo-Reihe «neue frau» legt erzählende Texte aus den Literaturen aller Länder vor, deren Thema die konkrete sinnliche und emotionale Erfahrung von Frauen und ihre Suche nach einem selbstbestimmten Leben ist. Die monatlich erscheinenden Bände wenden sich an alle, die mit Spannung verfolgen, wie sich die Beziehung der Geschlechter und das Selbstverständnis der Frau wandelt.

Inhalt

Renate Bauer
Der Otto und Nummer zwei

Meinen Stiefvater mag ich eigentlich nicht Stiefvater nennen, er ist mein zweiter Vater, eben der Otto.
Und er hat mir viel versaut.
Bestimmt werde ich nie vergessen, daß er mich einmal furchtbar ungerechterweise verprügelt hat. Meine Mutter hatte gepetzt, aber eben die Unwahrheit.
Nach den Prügeln mußte ich ins Bett. Später kam er und schenkte mir fünfzig Pfennige. Das war das schlechte Gewissen.
Damals haben fünfzig Pfennige viel bedeutet – es war ungefähr 1952. Ich war in der Pubertät, wohl so zwölf oder dreizehn Jahre alt. Das Geld habe ich aus Angst genommen, obwohl Trotz in mir war. Ich wollte es nicht nehmen, aber ich nahm es aus Angst und durfte auch wieder aufstehen. Vergessen kann ich es nur deshalb nicht, weil er dann geheult hat.
Ich hatte vor Wut rausgeschrien: «Das ist nicht wahr, das ist nicht wahr, ihr habt nur den Hans lieb und mich nicht. Ich kann doch nichts dazu, daß ich einen anderen Vater habe, ihr wolltet es doch so, daß es so läuft, und dann mach ich es so, und dann ist es wieder verkehrt.» Die Mutti hatte mich irgendwann gefragt, was ich vom Papa halte, vorher aber hatte sie gesagt: «Wär ich doch nur noch beim Brauner.» Das ist mein Erzeuger. Und ich habe gesagt: «Ja, Papa, der ist auch richtig gemein, der zieht den Hansi vor.» Das hat die gefressen, das wollte sie nur rauskriegen. Ich durfte es dem Papa dann nicht sagen, welche Ursache das Ganze hatte, sondern wahrscheinlich hat sie ihm das so beigebracht: «Die mag dich nicht, die hat gehetzt.»
Heute leben die beiden ganz dicke zusammen. Wirklich süß, seit wir draußen sind, ist das Ganze ideal.
Die Mutti ist noch bis Februar berufstätig, aber sie ist ja krank, ist ein Krüppel. Nach der Geburt vom Hansi hatte sie eine

Hüftverschiebung bekommen. Jetzt hat sie schon einen richtigen Höcker. Sie geht trotzdem noch arbeiten, macht bei den Stadtwerken in der Ablage rum. Nachdem es neue Wagen und Entwerter gab, brauchte man ja keine Schaffner mehr, viele haben dann gekündigt oder wurden gekündigt, die anderen hat man bei den Stadtwerken irgendwie untergebracht. Auch der Papa fährt jetzt nicht mehr Straßenbahn. Seit vorgestern ist er Boss im Depot Kreuzhausen und voller Stolz. Er hat aber auch fast dreißig Jahre lang darauf gewartet. Aber er hat's geschafft. Damals, als der J. ihm sagte, daß wir heiraten müssen, hat er sich beim Rasieren geschnitten. Es war Sonntag morgens. Ich habe immer gedrängelt: «Du mußt ihm das jetzt sagen, es ist zu spät, wenn du zu feige bist, ich sag's nicht. Die ganze Zeit hast du große Töne gespuckt.»
Also geht er in die Küche, mein Vater rasiert sich gerade. Die Mutti war mal wieder im Krankenhaus. «Hier», sagte der J., weil er ihn ja nicht mit Vater anredet, «ich glaube, wir müssen heiraten.» Da schreit er, «was, was, ihr seid wohl verrückt», er ist halt Naßrasierer und schnitt sich in die Backe, hatte einen Mordsschnitt im Gesicht und mußte dann weg zum Arbeiten.
Mein Vater war nie eifersüchtig, nie, nein. Die waren froh, als ich aus dem Haus war. Ich war ja schon immer etwas motzig. In der Schule schon, da habe ich immer viele Prügel bezogen. Zu Hause auch. Das Spielgewehr vom Hansi habe ich übergezogen bekommen, wenn ich um zwei Minuten nach zehn Uhr heimkam. Um zehn Uhr hatte ich drin zu sein. Es waren tatsächlich zwei Minuten, aber wegen jeder Minute Zuspätkommen gab es Prügel, schließlich wußte ich das ja auch. Aber trotzdem, für meinen Vater tue ich alles, mehr als für meine Mutter, weil er viel gerechter war als sie. Nein, nicht gerechter, sondern aufmerksamer. Sie hat sich, nachdem das eigene Kind aus dieser Ehe da war, mehr mit diesem Kind abgegeben als mit mir. Für mich war das direkt tragisch, denn ich hatte sie zu Anfang gern, weil sie so toll ausgesehen hat. Sie hatte damals noch lange Haare. So eine kleine schlanke Frau war sie, hat wirklich hübsch, gut ausgesehen. Sie war auch beliebt. Bis sie schließlich arrogant wurde. Nach Hansis Geburt hatte der Papa mal die Chance, Vorsteher zu werden, das hat sie ihm aber irgend-

wie vermasselt. Eben durch Arroganz, durch Angeberei. Wenn mal schmutzige Witze erzählt wurden, hat sie sich abgesondert. So auf die Tour: «Hier gehör ich nicht hin.» Wenn sie aber einen zu viel getrunken hatte, sie waren ja im Sportverein, dann hat *sie* die Witze erzählt, dann haben sie sie kennengelernt. Es waren auch oft Kollegen von der Straßenbahn bei uns zu Hause. Sie haben dann Karten gespielt; ich durfte immer mitspielen. Schlecht wurde es nur, wenn ich gewonnen hab, dann mußte ich schlafen gehen. Mein Vater war eben ein schlechter Verlierer. Er hat sich dann geärgert und mich rausgeschickt. Sie hat dann immer versucht, darauf zu achten, daß ich nicht gewinne, aber ich habe mich da nicht beeindrucken lassen, denn «wenn schon, denn schon».
Aber er hat eben viel für uns getan. Sobald ich aus dem Haus war, hat er mich auch nicht mehr ausgebeutet. Vorher mußte ich mein ganzes Geld abgeben. Erst als ich älter war, habe ich dann manchmal fünfzehn Mark gekriegt, und die sind dann gleich zum J. hingewandert. Er fuhr eine Vespa und brauchte das Geld für Benzin, damit er kommen konnte. Die beiden mochten sich furchtbar gerne, von Anfang an. J. war der einzige Typ, den mein Vater mochte, und er wurde auch von ihm ins Haus geholt. Es sollte keine «Vom-Fenster-runter-Gespräche» geben, kein «Unten-Stehen». «Hoch in die Wohnung, damit ich seh, was los ist», sagte er, und das finde ich auch an und für sich ganz gut, die Einstellung. Ich sah Neuland. Keine Strafen mehr. Jetzt durfte ich auch mal abends ins Kino, vorher war ich ja immer eingesperrt gewesen, mußte den Hansi hüten.
In unserer Familie ging es zu wie bei den Beatles: Hoppla die, hoppla da, weil meine Eltern immer Schicht gearbeitet haben. Aber die «Madame» war sehr bequem, sie hat sich sofort hingehauen, wenn sie von der Arbeit kam. Also blieb der ganze Haushalt mir überlassen. Damals hat man noch gewachst auf dem Linoleum. Alles noch mit der Hand und ohne Staubsauger, immer auf den Knien.
Ja, und da war ich immer die Fleißige und die Liebe. – Ich mußte. Wenn die Küche nicht blankgeputzt war, gab es Krach und Schläge.
Manchmal kam mein Vater abends nach Hause und hatte

getrunken, dann hat er sich zum Hans auf die Couch geworfen und gerufen «mein Sohn, mein Sohn». Ich lag da. Nicht daß ich wollte, daß er sich zu mir legt und sagt, «meine Tochter, meine Tochter». Das nicht, auf keinen Fall. Aber das hat doch weh getan. Am nächsten Tag hatte er immer ein schlechtes Gewissen, er war dann immer sehr freundlich. Aber wehe ein Gegenwort. Wie beim Kommiß: immer: «Jawohl, ja» und spuren, da war überhaupt nichts anderes drin. Solange man floriert hat, solange man machte, was verlangt wurde, war man ein As.

Das war Usus. In der ganzen Siedlung und auch sonst überall, wo man hingeguckt hat. Man hatte nur die eine einzige Chance, den alten Angebern zu gehorchen. Schließlich, jeder von ihnen war ein Held. Hat sich damit gebrüstet, Hunderte erschossen, die Kinder der Feinde ermordet zu haben, Frauen vergewaltigt zu haben. Grausam genug, womit sie angegeben haben, aber noch nicht mal das hat gestimmt. War auch alles nur Angabe.

Diese Lügner hatten noch nicht mal einen Feind auf hundert Kilometer Entfernung gesehen. Die Frauen und Töchter aber mußten sie so behandeln. Die Frauen seien ihnen alle nachgelaufen, hätten die Deutschen ja unbedingt gewollt. Entsprechend wollten sie von ihren Frauen und Töchtern bewundert werden, Kings sein. Immer die Fürsten, immer die Macker. Alle waren sie mehr als der Feldwebel oder der General.

Der Alkohol hat sie alle zu Königen gemacht.

In der Schule hatte ich eine böse Striezerin. Anfangs ging es aber einigermaßen, bis ich einen neuen Gesangslehrer bekam. Er war einarmig, und er sagte zu mir: «Du singst wie ein Rabe.» – «Dafür habe ich beide Arme», antwortete ich ihm. Trotzreaktion. Er kam, um sich bei meinen Eltern zu beschweren. Mein Vater hat ihn rausgeschmissen. Und von da an war er für mich der Fürst. In der Schule war ich aber von jetzt an verrufen.

Später kam ich in eine andere Schule und wieder zur verkehrten Lehrerin. Die reicheren Kinder aus der Bayernstraße haben damals noch Butter und Eier für die Lehrer mitgebracht. Das konnte ich natürlich nicht. Wir waren froh, wenn wir selbst was zu essen hatten. Ich habe sie dann betrogen. In einem

Diktat hatte ich Brett mit einem t geschrieben, hatte aber Platz genug, um das zweite nach der Korrektur noch dranzuhängen. Ich habe dann behauptet, sie hätte es mir als Fehler angerechnet. Zu Hause habe ich mich blöd gestellt und behauptet, mir würden Fehler angestrichen, nur weil ich keine Butter und keine Eier mitbringen würde. Der Papa ging rüber in die Schule, holte sie aus dem Zimmer raus, fängt an zu brüllen, weil sie auch sehr aggressiv war. Jedenfalls hat er am Schluß gebrüllt: «Wenn Sie meine Tochter noch einmal so behandeln, dann schnapp ich Sie an ihrer Knott – sie hatte einen Knoten – und schleif Sie durch den ganzen Gang!» Dann war Friede.
Die Geschichte ging bis zum Rektor, aber sie haben es alle nicht gemerkt, daß das zweite t nachträglich geschrieben war. Wieder bekam ich einen neuen Lehrer, und es ging mit dem Prügeln los, aber die Noten waren gerecht. Im letzten Halbjahr meiner Schulzeit war ich eine Königin. Es ging mir endlich gut. Er mochte mich sofort. Ich war die Fürstin. Zum erstenmal in meinem Leben. Ach, was ging's mir gut! Nie wieder ist es mir so gut gegangen wie damals. Ich sah wohl seiner Tochter ähnlich, und seine Verhältnisse scheinen auch nicht so gut gewesen zu sein.
Beim Diktat stand er hinter mir, sah auch das Buch, aus dem ich abschrieb, und streichelte mich, bevor er wieder nach vorne ging. Also hatte ich das beste Zeugnis als Abgangszeugnis, leider unverdient. Mein Vater suchte mir eine Lehrstelle, die ich gar nicht wollte. Eigentlich wollte ich was ganz Gewöhnliches werden, nämlich Friseuse. Das durfte ich nicht, sondern mußte ins Büro. Mein Traum wäre zwar Auslandskorrespondentin gewesen, aber ich wußte, das kann ich nicht, da gehört schon was dazu. Man muß wissen, wo die Grenze ist, und die kann ich bei mir gut einschätzen.
Zunächst durfte ich gar nichts schreiben. Dann wurde die Putzfrau krank, und ich durfte wieder putzen und waschen. Sie hatte an Amerikaner vermietet, so durfte ich die dreckige Wäsche abziehen. Das war meine Bürotätigkeit. Dazwischen war die Berufsschule. Auch sie hat mir keinen Spaß gemacht. Alle waren anders als ich – irgendwie aus besseren Kreisen. Klüger, auch gewählter in der Redensart, irgendwie gewandter.

Besser gestellt, bildungsmäßig, nicht finanziell. Meine ganzen Komplexe sind ja wegen der Bildung, nie finanziell. Schließlich kann ich ja putzen gehen und verdiene auch mein Geld, das macht nichts, auch Klo-Frau macht nichts. Ist mir ganz wurscht-egal. Die Hauptsache, ich kann meine Kinder ernähren. Alles andere ist mir gleich, da habe ich keinen Stolz. Aber ich hätte halt was lernen müssen. Heute wäre mir aber auch der Friseurberuf zu gering. Eigentlich wollte ich immer «was Besseres» sein. Vielleicht gerade deshalb, weil bei uns zu Hause die ganze Ausdrucksweise ordinär und primitiv war. Meine Mutter wollte zwar auch immer das Hochdeutsch groß rausbringen, sie hat es auch geschafft, aber der Charakter spielt ja auch eine Rolle. Man kann gutes Deutsch haben und ist trotzdem Mist – ein Dreckhaufen.

Meine Eltern hatten einen großen Bekanntenkreis durch die Straßenbahn. Sie haben alle sehr viel getrunken. Alkohol, und Alkohol enthemmt. Dann kamen eben die Redensarten. Am Anfang war es immer ganz nett. «Ach, habt ihr eine nette Tochter», «die sieht gut aus», «ach, sie ist so fleißig». Sie hatten gehört, daß die Große alles macht zu Hause. Dann kam die Wirkung des Alkohols, und von Stunde zu Stunde wurde es dann komischer. Ja, dann fielen die Witze. Ich fing an, mich zu sträuben. Inzwischen hat man mir schon gesagt, ich sei frigide. Wenn, dann kann man das, glaube ich, auf damals zurückführen. Ich bin gegen jegliche Schweinerei. Natürlich, was sein muß – ich sehe zum Beispiel das Problem Ehe, was ehelichen Verkehr angeht, das kann was ganz Tolles sein, auch außerehelich, das ist egal. Aber, wenn etwas ordinär gebracht wird oder in den Schmutz gezogen wird, durch Witze, Bilder oder Zeitschriften, dann finde ich es eine maßlose Schweinerei, und dann kommt der Ekel. So ganz für mich alleine kann ich mir vorstellen, daß das was ganz, ganz Tolles sein muß, was ich nie kennengelernt habe. Vielleicht will ich es auch gar nicht kennenlernen, weil ich Angst vor mir selber habe. In dieser Beziehung kenne ich mich ja gar nicht.

Mit Aufklärung ist auch überhaupt nichts drin gewesen. Noch fünf Minuten vor der Entbindung von meinen Zwillingen war ich hundertprozentig davon überzeugt, daß sie aus dem rechten

Fußzeh rauskommen. Selbst im Unterbewußtsein habe ich nicht gewußt, daß ein Kind da rauskommt, wo's rauskommt. So aggressiv habe ich mich gegen die Witze gestellt. Das ist schon nicht mehr naiv, das ist blöde.

Auf dem Büro, das ging ja nicht so besonders gut mit mir, und mein Vater sagte mir, «die Tochter von meinem Kollegen X. verdient fünfzig Mark in der Woche, sie ist in der Fabrik». Das ist soviel wie das Lehrlingsgehalt vom ganzen Monat. So wollte ich dann auch in die Fabrik.

Sehr lange blieb ich ja nicht in der Fabrik. Ich lernte ja meinen späteren Mann bald kennen und wurde schwanger. Also war ich mit siebzehn verheiratet, mit achtzehn hatte ich die Zwillinge bekommen, und zwar zwei Monate nach meiner Hochzeit.

Es war die größte Pleite in meinem Leben, diese Hochzeit. Die größte Blamage. Nie habe ich mich im Leben so geschämt. Jedenfalls – meine Eltern waren nicht da. Sie hatten sich abgesetzt, besuchten jemanden in der Ostzone, vor lauter Scham, daß die Tochter, aus der mal was werden sollte, jetzt heiraten mußte. Der schrecklichste Augenblick war der, als der Pfarrer in der Kirche laut zu meiner Schwiegermutter sagte: «Nehmen Sie sich dieses armen Wesens an.» Da stand ich, hochschwanger, mit meinem Bauch. Kein Schwein um mich, das mir irgendwie Halt gegeben hätte. Ich heule nicht schnell, aber ich habe mich so wahnsinnig geschämt, ich war ganz furchtbar alleine, verlassen.

Danach hat mein Vater keine Rolle mehr in meinem Leben gespielt, denn die hatten mich ja abgeschoben. Sie waren froh, daß ich draußen war. Ich nehme an, daß die Belastung zu groß für sie war. Nachdem ich verheiratet war, hat sich mein Vater ganz clever gezeigt. Ich habe bis heute noch nicht ein Bettlaken, ein Kopfkissen, ein Handtuch kaufen müssen. Aber das sehe ich auch als schlechtes Gewissen an. Andererseits ist er ein ganz prima Mensch, sehr gutmütig ist er. Er gibt ja nicht nur seinen Kindern alles, sondern jedem, der hilfebedürftig ist. Trotzdem habe ich das Gefühl, daß er bei mir was gutmachen will. Aber was?

Ich glaube, er bedauert es mit mir, daß ich keinen Beruf habe.

Dabei hat er mich ja nicht zur Fabrik gezwungen. Es war kein Zwang, ich habe die Lehre freiwillig aufgegeben.
Mein leiblicher Vater kam aus der Kriegsgefangenschaft zurück, da haben meine späteren Eltern schon zusammen gewohnt. Sie ließen sich gleich scheiden. Meine Mutter war schuldig, aber er mußte irgend etwas bezahlen. Manchmal durfte er mich mitnehmen zu der Verwandtschaft in Grünheim. Ich wäre dann immer schmutzig zurückgekommen. Daran kann ich mich aber gar nicht erinnern. Die waren eben damals schon sehr pingelig. Das ging ein Jahr lang gut, dann hat sich mein Vater abgesetzt. Er wurde dann durch einen Anwalt gesucht, weil er keinen Unterhalt mehr zahlte.
Später, als ich in die Fabrik ging, hat eine Kollegin zu mir gesagt, daß woanders mehr bezahlt würde. Wir sind dann heimlich aufs Arbeitsamt gefahren und wurden von dort auf eine Bank geschickt. Der Portier liest meine Karte und sagte: «Sind Sie die Tochter von dem Brauner von der . . . Bank?» Ich höre Bank, denke: Mensch, dein Vater Direktor. Und habe sofort geschaltet und ja gesagt. «Ja, das ist ein Kollege von mir.» Klar, Pförtner, was hast du anderes erwartet, sagte ich zu mir. Wir sind sofort hingefahren, zu der neuen Adresse von meinem Vater, die er uns gab. Da steht so ein Kerl vor mir. Eine Enttäuschung nach der anderen: Er greift nach meiner Freundin, vermutlich, weil die schöner war als ich, drückt sie: «Gelt, du bist die Renate.» Ich steh daneben und sage: «Ich bin Ihre Tochter.» Ein Tiefschlag. Er meinte: «Na, du bist mir auch willkommen.» Dann kam noch eine Frau, sie war bestimmt zwanzig Jahre älter als er. Und auch sie drückt wieder meine Freundin.
Und ich steh da. –
Ich war sehr aggressiv, ich wollte es ja wissen. Ich dachte, ich krieg jetzt was. Mein erster Gedanke war ja gewesen, raus von zu Hause in bessere Verhältnisse rein. Ohne ordinär, also was Saubres, vielleicht auch ein bißchen reicher, wo es mir besser gehen würde.
Oft bin ich nicht mehr hingefahren. Erst, als ich meine Tage nicht mehr bekam, bin ich sofort zu ihm, meinem richtigen Vater. Zu Hause konnte ich es ja nicht erzählen. Er hat mir

dann literweise Rotwein gegeben, damit die Blutungen kommen. Dann war ich besoffen und habe auf der Couch gelegen und bekam ein schlimmes Ziehen im Bauch, aber keine Blutungen. Eine leichte Spritze hätte mir genügt. Auch ein heißes Bad hat nicht geklappt. Danach habe ich ihn Jahre nicht gesehen. Eines Tages rief er mich an. Seine Frau war inzwischen gestorben. Ich dürfte mir zum Muttertag was wünschen aus dem Quelle-Katalog. Ich habe mir eine kleine Weißgolduhr ausgesucht, für 178 DM. Es war mein erster Schmuck. Es waren auch teurere drin, aber ich will ja nicht anspruchsvoll sein.
Danach habe ich vierzehn Jahre nichts von ihm gehört.
Vor ein paar Tagen rief die Kripo bei mir an. Sie hätten eine zwei Monate alte Leiche gefunden, ich solle zur Identifizierung kommen. Vermutlich ein Herr A. B., 61 Jahre alt, Hausmeister, mein Vater.
Mein Mann stand während des Telefongesprächs daneben und sagte, das kommt überhaupt nicht in Frage. Natürlich habe ich furchtbar geheult. Aber nicht, weil er mein Vater war, sondern weil er ein Mensch war, der auf eine schreckliche Art und Weise umgekommen ist. Wie, ist allerdings nicht geklärt worden. Inzwischen ist er beerdigt. Ich sollte eigentlich die ganze Beerdigung bezahlen, obgleich ich nie etwas von ihm gekriegt habe.
Ein Beamter meinte: «Sie haben vielleicht Ansichten, das ist doch Ihr Vater.» Ich habe gesagt: «Er ist mein Erzeuger.» Er hat sich 30 Jahre lang nicht um mich gekümmert. Nie habe ich bemerken können, daß ich einen leiblichen Vater habe.
Zuletzt war er Pförtner in einem Krankenhaus oder Nachtportier oder so. Er war ein ganz riesengroßer Aufschneider. Einmal rief er mich von da aus an und teilte mir mit: eben ist der Patient gerettet, so als ob er operiert hätte.
Das war's:
Vater Nummer eins: Der «tolle Typ», der nie über das Kriegspielen hinausgekommen ist. Vater Nummer zwei: Im Glauben, alles zu können, hat er es nie zu was gebracht. Am Ende bei beiden dasselbe. Bis zum Sterbebett: Heil Hitler. Und bei mir? Immer diese Helden.

Christel Burgert
Mein Vater, den ich aß . . .

Was soll ich über einen Vater sagen, den es nicht gab und doch gibt? Der nicht vorhanden war und doch existierte? Der mich ohne sein Wissen zeugte und dessen Dasein ich jetzt bezeugen soll? Wenn ich in die Erinnerungen meiner Kindheit hinabtauche, finde ich kaum einen Platz, der mit Sehnsucht oder Verlangen nach dem, was man weitläufig mit dem Begriff Vater verbindet, besetzt war und ist. Nur ab und zu, wenn ich als Kind bei anderen Leuten eingeladen war, und das war ich häufig – mit dem armen, braven kleinen Mädchen dekorierten die wohltemperierten Bürgerfamilien gern ihre makellos gedeckten Mittagstische und ihr scheinbar ebenso makelloses soziales Gewissen – da geschah es manchmal, daß ich mir wünschte, auch zu einer «ganzen» Familie mit Vater zu gehören. Gab es aber dann, als Zulage gewissermaßen, beim Verabschieden und Dankeschönsagen ein hübsch verschnürtes kleines Päckchen mit abgelegten Kleidungsstücken der eigenen Kinder, dann drehte sich mir vor Scham und Wut die Sagosuppe nebst Braten und Pudding im Magen um. Ich haßte mich, weil ich es annahm, da ich es ja doch brauchen konnte, und ich haßte jene mit ihrem geordneten Familienleben und ihrer gesicherten Geborgenheit, die mir mit dieser Geste des Almosenreichens immer wieder bewußt machten, daß ich nicht zu ihnen gehörte. Etwas war anders bei mir, ich stand abseits der Norm, ich war unehelich, und wir waren arm dazu. Das prägt. Spätestens beim Einsetzen dieser Einladungen, die etwa ab dem zweiten Schuljahr erfolgten, wurde mir das bewußt.
Ein «Kind der Sünde». Wann fiel dieses Wort zum ersten Mal? Ich weiß es nicht mehr. Unehelich – das war unter dem Strich, unanständig, nicht ganz sauber. Nicht für mich, aber für die anderen. Meine Mutter hatte mir sehr früh zu erklären versucht, daß mein Vater ein verheirateter Mann gewesen sei, der

sich aus Standesgründen nicht habe scheiden lassen können, nur, um ein so «einfaches» Mädchen wie meine Mutter zu heiraten. Aus Liebe zu ihm verschwieg sie, daß sie ein Kind von ihm erwartete, um ihn nicht in unnötige Konflikte zu stürzen. Er war Berufssoldat und wurde einige Zeit vor meiner Geburt versetzt. Meine Mutter und mein Vater sahen sich dann gute sieben Jahre nicht mehr, also bis zu jenem Zeitpunkt, da man anfing, mich öfter nach ihm zu fragen. Für mich als Achtjährige war diese Geschichte so einfach zu verstehen, wie sie mir erzählt wurde, und es erschreckte mich maßlos, daß sich alles peinlich berührt von mir abwandte, wenn ich sagte, daß ich keinen Vater hätte. Spontan kam immer erst ein mitfühlendes: «Ach, ist er tot?» und auf mein: «Nein, ich bin unehelich» ein entsetztes: «Ach soo.»
Eines wurde mir bald klar: du darfst, wie meine Schulfreundinnen, einen Vater haben, der nachts volltrunken durch die Straßen grölt, du darfst einen Vater haben, der Frau und Kinder verprügelt (was alle wissen, aber keiner ausspricht), du darfst einen Vater haben, der mit anderen hübschen Frauen aus- und umgeht und der in deinem Beisein deiner Mutter Dinge zuflüstert, die du als Kind schon sehr wohl verstehst und widerlich findest, du darfst alles zum Vater haben, was du nur willst – aber gar keinen haben, das ist unzulässig, das ist unstatthaft, das wird dem Kind angelastet.
Als der Zweite Weltkrieg alle nur verfügbaren Väter an die Fronten abkommandierte, nützte ich die Gelegenheit zu meinen Gunsten: ich beförderte meinen Nichtvater in alle nur denkbaren Hauptkampfgebiete, meldete ihn zeitweilig als «vermißt» und dichtete ihm sämtliche aufgeschnappten Heldentaten einschließlich Auszeichnungen an. Die Leute glaubten das, das kam an, das zählte! Mein geliebter, herrlicher, erfundener Heldenvater! O, mein Papa . . .
Papa, ja, den hatte ich auch (mit der Betonung auf der ersten Silbe, wie sich das für Sachsen schickt). Bis zu meinem zweiten Lebensjahr wuchs ich bei Pflegeeltern auf, und auch danach blieben wir in ständiger Verbindung. Sie, meine Pflegeeltern, hatten drei Töchter, die allerdings weitaus älter waren als ich. Ich wurde ihr Nesthäkchen, ihre Christa, ihr Sonntagskind.

Papa, das war der ernste, strenge Mann, der im Schichtbetrieb in der Wollkämmerei arbeitete, der sein Essen pünktlich auf dem Tisch haben wollte und der in seinem kleinen Siedlungshaus Tische und Schränke selbst baute, der seinen schmalen Garten zum Blühen brachte, Hühner und Kaninchen züchtete und dessen Liebe den Singvögeln galt, die er sich in einer reizvollen Voliere hielt. Im Winter hingen in Küche und Wohnzimmer ungezählte kleine Käfige, in denen die gefiederten Sänger sich in wohliger Wärme aufplusterten. Im Sommer jagten wir Kinder auf den großen Wiesen am Bach nach «Graspferdchen», die den Vögeln als Futter gebracht wurden, und in der kalten Jahreszeit pickten wir mit der Pinzette aus alten Brotkanten Mehlwürmer, die in mit Gazedeckeln versehenen Holzkästen eigens für Papas Schützlinge gezüchtet wurden. In den frühen Morgenstunden mancher Sommersonntage nahm er mich bisweilen mit, wenn er mit seinen Freunden vom Vogelverein auszog, um besondere Vogelarten zu belauschen und zu beobachten. Glanzvolle Höhepunkte des Jahres waren die großen Sommerfeste des Vereins, bei denen ich schon als Vierjährige die Erwachsenen mit Liedern und Gedichten amüsierte. Wenn dann alle lachten und klatschten, lachte auch Papa und sagte: «Ja, ja, das ist unsere Christa, die ist schon 'ne richtige Pflanze.» Ich wußte zwar nicht, was er mit der Pflanze meinte, aber ich erkannte in diesem Wort bald den Ausdruck seines höchsten Lobs.
Das große Vaterbild vermittelte sich mir eigentlich durch den Vater meiner Mutter. Sie sprach stets in einem Ton höchster Verehrung von ihm, er wurde fast zum Heiligen für mich. In ihren Schilderungen war er, der hart und entbehrungsreich lebte, die personifizierte Güte und Liebe. Ich war acht Jahre alt, als ich ihn endlich kennenlernte. Er stand vor seinem winzigen Häuschen, in einem jener kleinen Dörfer des Sudetenlandes, das Herr Hitler gerade «heim ins Reich» geholt hatte. Der schmale, fast schmächtige, vom Alter ein wenig gekrümmte Körper entsprach durchaus nicht meinen Vorstellungen vom starken, großen Vater. Aber als ich dann in seine ungewöhnlich hellen, gütigen Augen blickte, verflog der Eindruck von Hilflosigkeit und Schwäche. Jedes seiner Worte kam behutsam, seine

Fragen nach meinem Befinden waren keine leeren Floskeln, alles, was er tat und sagte, war getragen von wunderbarer Wärme und Menschlichkeit.
Ich sah ihn nicht oft wieder, doch in meiner Erinnerung umgibt ihn noch immer die Gloriole einer starken Liebesfähigkeit. Er, der wie ich als uneheliches Kind sein Leben erkämpfen mußte, der als Landarbeiter sein Brot verdiente und als Bergmann, der zum Milchkutscher der Gemeinde avancierte und als Hirte die Schafe weidete. Der seine erste Frau verlor, als sein jüngstes, viertes Kind, meine Mutter, kaum zwei Jahre zählte, und der von seiner zweiten Frau genauso tyrannisiert wurde wie meine Mutter.
Nein, ein konkretes Vaterbild hatte ich weder als Kind, noch habe ich es heute. Vater, das ist so eine Art Puzzle, zusammengesetzt aus dem großen Unbekannten und dem arbeitsamen, strengen Nennpapa, das waren der gütige Großvater und, nicht zu vergessen, die vielen Idealväter der Jugendbücher. Nein, ich vermißte den Vater nicht – wie auch?
Ich war zehn Jahre alt, als ich, mittags aus der Schule kommend, die Treppen in dem dreistöckigen Haus, in dem wir zur Untermiete wohnten, emporstieg. Plötzlich löste sich eine Gestalt von einem der Treppenfenster, ein Mann, den ich nie zuvor gesehen hatte, beugte sich zu mir herunter und fragte mich, ob ich die Christa B. sei. Ich bejahte die Frage erstaunt: wer sollte ich denn sonst sein? Da hob mich der Fremde hoch, küßte mein Gesicht, und noch ehe ich etwas sagen konnte, war er wieder verschwunden. Ich war völlig verwirrt und ratlos, brannte aber darauf, meiner Mutter am Abend, als sie von der Arbeit kam, davon zu erzählen. In meinen geheimsten Träumen hatte ich mir immer ausgemalt, daß mein simpler Berufssoldatenvater vielleicht doch eher ein unbekannt bleiben wollender Fürst oder ein auf einem fernen Schloß einsam, unglücklich lebender Prinz sein müßte. Und jetzt war er gekommen, um mich zu sehen! Und ich hatte ihm gefallen, er hatte mich doch geküßt! Jetzt würde er uns holen, und das gehetzte, karge Putzfrauen-Dasein meiner Mutter würde aufhören, wir würden endlich aus der tristen, baumlosen Straße wegziehen und ohne Geldsorgen bis an unser seliges Ende leben! Die

Erregung meiner Mutter verstand ich einfach nicht. Wie er denn ausgesehen hätte, jener Fremde? Hatte er wirklich nicht mehr gesagt, mich nur auf den Arm genommen, mein Gesicht geküßt und war dann weggelaufen? Naja, groß sei er gewesen und dunkelhaarig. Dunkelhaarig? Ja, und er hat nur gefragt, ob ich die Christa B. bin, sonst nichts. Wirklich nicht? Nein. Lieber Gott, wer war das? Meine Mutter wirkte ängstlich und ratlos. Ein «Sittenstrolch» konnte es doch nicht gewesen sein? Mein Prinz ein Sittenstrolch!

Des Rätsels Lösung wurde nie gefunden, aber an diesem Tag erfuhr ich, wer wirklich mein Vater war. Er war mir zwar als Onkel bekannt, den ich bis dahin vielleicht zwei-, dreimal gesehen hatte und dem ich Briefe und Feldpostpäckchen an die Front schickte, aber was sollte ich nun mit ihm als Vater anfangen? Der war doch verheiratet und überhaupt kein unglücklicher Prinz! Den da brauchte ich auch nicht mehr – weder Held noch Fürst! Ich rationalisierte ihn einfach weg. Er war der Onkel, mit dem ich so wunderbar korrespondieren konnte, fertig. Er erfuhr übrigens erst Jahre später, daß ich seine Tochter war, und auch dann vergingen noch Jahrzehnte, ehe wir ins Gespräch kamen, das er suchte, das mir aber nichts mehr bringen konnte.

Auf jeden Fall wollte ich damals nicht akzeptieren, was Wirklichkeit war. Vielleicht entsprang meine Abwehr kindlichem Trotz: du hast mich bis jetzt allein gelassen, um deinetwillen habe ich von anderen Demütigungen erfahren, nun brauche ich dich auch nicht mehr. Obwohl ich wußte, daß er keine Ahnung davon hatte, daß ich sein Kind war, erschien mir mein Verhalten gerechtfertigt.

Ich weiß nicht, ob es Zufall oder Reaktion auf mein neues Wissen war, daß sich von da an ein sehr starkes Verhältnis zwischen meinem Pflegevater und mir entwickelte, aber ich weiß, daß in dieser Phase der männlich-väterliche Einfluß gravierende Spuren hinterließ. Gespräche und Ansichten über Bücher, Schriftsteller, Musik, Gott und die Welt füllten ganze Nachmittage aus, während wir im Garten arbeiteten, Ställe ausmisteten oder Papa an der Hobelbank stand und werkte. Zu jener Zeit war ich ein «tapfer-treu-gehorsam-und-verschwiegenes-deutsches-Jungmädel» (Vorstufe zum BdM, Jugendorganisation der Nazis). Nicht zuletzt hatten Hausbewohner und auch das Jugendamt, das ja mein Vormund war, mit dafür gesorgt, daß ich, wenn schon vaterlos, vom Obervater Hitler richtig erzogen wurde, und entsprechend sah auch mein Weltbild aus: ich glaubte an den «Endsieg» unserer glorreichen Wehrmacht und zitterte mit meiner Mutter, die ab und zu einer in ihrer Nähe arbeitenden polnischen Strafgefangenen etwas zu essen zusteckte, vorm Entdecktwerden.

Bis ich dann eines Tages, ich war damals dreizehn, auf dem Dachboden meines Pflegevaters beim Herumwühlen in alten Kisten eine Zeitschrift aus dem Jahre 1929 fand, auf deren Titelseite in riesigen Lettern die Worte «Nie wieder Krieg» standen. Dieser Satz, ein Jahr vor Kriegsende in Hitler-Deutschland zu lesen, war für ein Kind ungeheuer. Ich weiß noch, daß ich starr vor Entsetzen diese Worte in mich aufnahm, unfähig, den dazugehörigen Artikel aufzunehmen, sondern immerzu wiederholte: «Nie wieder Krieg! Nie wieder Krieg!» als die Sirenen zu heulen begannen und wir, meine Pflegemutter, meine Pflegeschwestern samt deren Säuglingen und zwei Kinderwagen im rasenden Tempo zum etwa 1000 Meter weit entfernten Bunker hetzten, während uns die Amerikaner mit Bordwaffen aus ihren Flugzeugen beschossen. Wir flüchteten in eine mit Goldruten überwucherte Wiese, über uns das grausame Dröhnen der Flugzeugmotoren, um uns das Geknatter aufpeitschender Schüsse und dazwischen das dumpfe Bellen der FLAK. Ich wußte nicht, wovor ich mehr zitterte: vor diesem höllischen Inferno ringsum oder den Worten «nie wieder Krieg» in mir. Ich wußte zwar, daß mein Pflegevater ein «Sozi» war und daraus auch kein Geheimnis machte, ich wußte aber auch, daß es unter Strafe stand, derartige Schriften zu besitzen. Nach dem heftigen Angriff berichtete ich ihm von meiner «schrecklichen» Entdeckung. Er sah mich lange nachdenklich an und meinte nur: «Ach, Kleene, du wirst noch viel lernen müssen.»

Ab da begann ich mich für die politischen Vorstellungen meines Pflegevaters zu interessieren. Er lehrte mich Zeitung lesen und entdecken, was zwischen den Zeilen stand. Namen von

Schriftstellern, die während der Nazizeit verboten waren, hörte ich zum erstenmal von ihm. Seine Art, Politik zu sehen und zu beurteilen, wurde für mich bestimmend. Sie blieb es für mich bis zu seinem Tode. Er starb, als ich zwanzig war, an einem auch für Ärzte merkwürdigen Phänomen: er hatte ein Loch im Herzen.
Nach dem Krieg hatte ich oft nächtelang mit ihm über Politik gesprochen. Ich litt, wenn wir nicht einer Meinung waren, wurde wütend, wenn ich erkennen mußte, daß er doch recht hatte, und registrierte jede Übereinstimmung mit besonderer Lust. Bei einem dieser Gespräche vertraute ich ihm dann auch mein Vorhaben an: ich wollte Schauspielerin werden. Obwohl Herkunft und Bildung keineswegs für meine Absichten sprachen, irritierte meinen Pflegevater dieses Wunschziel im Gegensatz zu meiner Mutter nicht einen Augenblick. Vielleicht konnte er mein leidenschaftliches Interesse für Literatur und meinen ständigen Drang, Eindrücke in den verschiedensten Formen (Singen, Schreiben, Spielen) wiederzugeben, besser beurteilen als sie, weil er mir objektiver gegenüberstand, jedenfalls hieß er meinen Entschluß gut.
Aber zurück zum Kriegsende. Vierzehnjährig stand ich, die Vaterlose, nun auch noch einer fast männerlosen Gesellschaft gegenüber. Mann – unter diesem Begriff ordnete ich inzwischen Behörden ein, die bisher nur betreten werden durften, wenn man «Heil-Hitler» grüßte, und die nun nur noch betreten werden durften, wenn man nicht «Heil-Hitler» grüßte. Mann, das waren Besatzungsmächte, mal Amis, mal Russen. Mann, das waren Typen, die mir als Nazis bekannt waren und plötzlich schon immer Kommunisten gewesen sein wollten. Mann, das waren Wesen mit grauen, kranken Gesichtern, die aus der Gefangenschaft zurückkehrten, oder sehr geschäftige, ein wenig unheimlich wirkende Gestalten, denen man auf dem «Schwarzen Markt» besser nicht begegnete.
In jener Zeit lief ich auch meinem ersten «Entdecker» in die Arme. Ich wollte mir Bücher aus einer Leihbibliothek abholen, als er mich auf die von mir ausgewählten Bände ansprach. Von Titel und Verfasser habe ich heute keine Ahnung mehr, aber es schmeichelte mir, daß ein älterer Mann meine Auswahl und

meinen Geschmack bewunderte. Ein Wort gab das andere, dabei verstand er es geschickt, mir eine Arbeit zu offerieren, indem er mir anbot, seine private Bibliothek zu ordnen. Ich sagte begeistert zu, da ich ständig nebenbei Geld verdienen mußte, um meine Ausbildung an einer Frauenfachschule mitfinanzieren zu können. Als er mir dann auch noch seine Visitenkarte überreichte, die erste, die ich je gesehen hatte, und ich feststellte, daß er sich als Gastspielagent betätigte, schien mir das ein Zeichen des Schicksals zu sein: so etwas begegnete werdenden Schauspielern sonst nur in Büchern oder Filmen. Da er mich gleich mit «Gretchen» titulierte, fühlte ich mich schon in den angestrebten Beruf versetzt. Daß eine Fünfzehnjährige mit züchtig zum Kranz aufgesteckten Blondzöpfen, ausgetretenen Schuhen, ungezählte Male gestopften Strümpfen und einem runden, naiven Kindergesicht das «Gretchen» als Karikatur geradezu herausforderte, entging damals meiner noch nicht sehr ausgeprägten Selbsteinschätzung. Meine Arglosigkeit und mein Vertrauen in den «väterlichen» Freund veranlaßten mich, den neuen Bekannten meiner Mutter vorzuführen, die sofort wußte, woher der Wind wehte, und diesen seltsamen Mäzen kurzerhand vor die Tür setzte. Er erwartete mich noch ein paarmal vor der Bücherei und bot an, mir Schauspielunterricht zu geben. Bereits in der ersten Stunde mußte ich erkennen, daß meine Mutter nur allzu recht hatte: er wollte mich Küssen lehren. Ich aber lernte nur das Gruseln vor «väterlichen» Freunden, denen ich von da an wohlweislich aus dem Weg ging.
Um meinen Berufswunsch zu verwirklichen, mußte ich einige Umwege gehen. Meine Mutter bestand darauf, daß ich mir erst einmal mit einem normalen, bürgerlichen Beruf meine Existenz absicherte. Da ich einen sehr starken Bezug zu Kindern hatte, lag es nahe, als Sozialpädagogin tätig zu werden. Diese Ausbildung brachte es mit sich, daß ich bis zu meinem achtzehnten Lebensjahr fast nur von Frauen umgeben war: Mädchenklasse in der Volksschule, Frauenfachschule, Praktikum in einem Diakonissenhaus, Seminar für Kindergärtnerinnen. Damals fiel mir das Fehlen von Vertretern des männlichen Geschlechts nicht auf. Zurückblickend denke ich oft, ob nicht der

Mangel an früher Erfahrung im Umgang mit Männern mich später unsicher, ja fast ohnmächtig werden ließ. Vorerst aber ging ich meinen nicht immer einfachen Weg allein, ebenso, wie ich dann den Sprung zur Schauspielschule und danach ins Bühnenleben ohne männliche Hilfe und ohne Vater schaffte. Zwar fehlte es nicht an Härten und Nackenschlägen, aber was zählte, war der Erfolg des Vorankommens. Die ersten, schmerzlichen erotischen Erfahrungen konnten dieses Gefühl zwar trüben, aber nicht schmälern.
Inzwischen begannen die Wunden des Zweiten Weltkrieges zu vernarben. Aus der Ostzone, in der ich beheimatet war, begann sich die Deutsche Demokratische Republik zu entwickeln, und ich glaubte an die klassenlose Gesellschaft, in der ich lebte. Daß ich doch das Kind einer bestimmten Klasse blieb, mußte ich erschüttert erkennen, als einige Beziehungen, die ich mit Männern hatte, an diesem Problem scheiterten. Außer Arbeitern und Bauern gab es in diesem Staat eben doch noch eine Mittel- und Oberschicht. Ich hatte mich von denen da unten zu jenen da oben heraufgearbeitet, und das mochten die nicht so gern. Ich kam für sie nicht aus dem richtigen Stall, ich hatte zwar ein Markenzeichen, aber nicht das ihre. Mit dem Sohn aus «gutem» Hause ins Konzert oder ins Theater gehen, bitte, warum nicht? Aber mehr ist zu viel, Herkunft muß gewahrt bleiben. Ich weiß nicht, wie lange eine Gesellschaft braucht, um Unehelichkeit zu vergessen, auch wenn man heiratet, muß das nicht unbedingt aufhören.
Daß ich eines Tages den Mann heiratete, ehelichte, mich ihm antrauen ließ, der das wirklich wollte, hatte ich mir ursprünglich auch nicht träumen lassen. Ich wollte frei sein, und Kinder wollte ich erst recht nicht haben.
Wir lernten uns in einer Künstlerkneipe kennen. Er wurde an jenem Tag von allen Insidern erwartet, die wußten, daß er der neue Leiter des dort ansässigen Kabaretts werden sollte. Als er dann, nicht sehr groß, schmal, fast zierlich, mit außergewöhnlich schönem, rotblond leuchtendem Haar zur Tür hereinkam, war ich ein bißchen enttäuscht. Er erschien mir zu zart, um diesem harten, nervenaufreibenden Posten gewachsen zu sein. Ich hatte Unrecht und sollte doch Recht behalten. Aber erst

einmal waren wir, noch eh ich mich versah, in ein Gespräch vertieft, das erst im Morgengrauen endete, als er sich an meiner Haustür verabschiedete. Wir redeten, tranken Wein, redeten weiter, landeten in einer Bar bei Sekt und verbrachten die restliche Nacht in einem Bett bei einer Freundin von mir, die mit seinem Freund im Nebenzimmer verschwunden war.

Wir lagen nebeneinander, spürten unsere Haut, spürten Zärtlichkeit und Nähe, aber keiner hatte das Verlangen, mit dem anderen zu schlafen. Es war so viel Vertrautsein zwischen uns, so viel Verstehen und Wärme, wie ich es noch nie erfahren hatte. Wir kannten am nächsten Morgen fast restlos unsere Lebensgeschichten und fühlten kameradschaftliche Zuneigung, wie man sie sonst nur bei Menschen aufbringt, die man schon sehr lange kennt. Aus reinem Übermut versprachen wir uns an diesem Morgen, daß jeder seine privaten Angelegenheiten klären und wir dann heiraten würden. Es war schon eine Menge Verrücktheit in dieser keineswegs ernst gemeinten Zusicherung, aber es wurde Usus, wenn wir uns begegneten, zu sagen: «Bei mir dauert's nicht mehr lange.»

Noch immer hab ich es nicht ergründen können, was es war, das uns zueinander hinzog, ohne daß von Liebe die Rede war. War es Einsamkeit, die uns quälte – ihn, der gerade geschieden war, dessen Herz an seiner zweieinhalbjährigen Tochter hing, die er mit der Scheidung verlassen hatte – mich, inzwischen vierundzwanzigjährig, ein bißchen müde vom Alleinkämpfen und mit einem großen Verlangen, mal ein wenig Atem zu holen? Waren es die Gemeinsamkeiten, die wir in unser beider Leben entdeckten, Gemeinsamkeiten, die uns zu Teilen verblüfften und zu Teilen mühselige Erklärungen sparten? Da brauchte einer nur anzutippen, wenn es um die kleinen, lustvollen Erfahrungen einer kargen Kindheit ging – der andere verstand. Pflegeeltern, auch er hatte welche, sommerliche Gärten, der Geschmack frischgepflückter Erdbeeren, die Ostsee, das Sudetenland, bäuerliche Bräuche, Hitler, Bombennächte, Ängste, Wissen um Bitternis der Armut, aber auch Literatur, Musik, gemeinsame Träume. Ein halbes Jahr verging. Wir sahen uns, sprachen miteinander, fanden immer mehr Berüh-

rungspunkte, hatten politisch den selben Draht und vor allem: wir konnten über die gleichen Dinge lachen.
So war es dann auch eine Faschingsveranstaltung der Kunsthochschule, bei der wir uns regelrecht zusammenlachten. Ich hatte gerade eine Nachmittagspremiere hinter mir, die für mich völlig bedeutungslos verlief, da ich mich in einer unwichtigen Nebenrolle nicht sonderlich gefordert fühlte. Mit einigen Kolleginnen versuchte ich der nicht gerade heiteren Atmosphäre des Ensembles zu entgehen und besuchte mit ihnen C.'s Kabarett. Anschließend stürzten wir uns also ins ach so muntere Faschingstreiben, das in jener Stadt sowieso keine größere Tradition hatte. Ich kenne kaum Schauspieler, die bei dieser Art Fest ihr Vergnügen finden. Kostüme sind unsere Berufskleidung, zum Kostüm gehört die Gestalt, die es mit Leben auszufüllen gilt. Mag sein, daß wir schrecklich ungerecht waren, aber zu beobachten, wie sich fast alle im falschen Kostüm hoffnungslos falsch bewegten, brachte uns um unsere Fassung. Wir formulierten unsere Eindrücke in immer ausgelasseneren Sätzen, amüsierten uns, ständig übermütiger werdend, durch alle Räumlichkeiten des Hauses, bis wir vor der Tür der Hochschule im Schnee saßen, vom Lachen so geschüttelt, daß wir nicht aufstehen konnten. Bei jedem Versuch, wieder auf die Beine zu kommen, brachen wir erneut in Gelächter aus, bis wir uns schließlich gänzlich erschöpft in die Arme fielen. So begann unendlich lustvoll, gelöst und zärtlich eine neue Lebensphase für mich, die bitter und rauh enden sollte.
Wir galten bald als das «ideale» Paar, verband uns doch nicht nur unsere Zuneigung, sondern auch Beruf und politisches Engagement. Das Medium Kabarett, das mich schon längere Zeit faszinierte, wurde für mich durch ihn, durch C., elementares Mittel gesellschaftskritischer Auseinandersetzungen. Ich entdeckte über den Mann, den ich liebte, die Satire als Waffe, die mir unfehlbar schien. Ich stürzte mich wie eine Besessene in den neuen Lernprozeß, saß im Kabarett, hörte und sah, las und schrieb. Ich begann mich neu auszudrücken und empfand eine ungeheuere Lust beim Aufspüren gewitzter Pointen. Wir schrieben zusammen, lieferten uns gegenseitig Gags und Einfälle, gemeinsam lasen wir die neuesten Bücher, diskutierten

sie mit Freunden, werteten aus, schrieben auf und vermißten uns jede Stunde, in der wir nicht zusammensein konnten. Über der so anderen Art zu leben, zu sehen und aufzunehmen, wiederzugeben und zu artikulieren, bemerkte ich nicht, wie sehr ich mich zu verändern, ja, aufzulösen begann. Als nach knapp zwei Jahren unseres Zusammenseins unsere Tochter geboren wurde, unehelich, sah ich darin kein Problem mehr. Ich fühlte mich unabhängig, hatte einen Beruf und lebte in einer Gesellschaft, von der ich hoffte, daß sie alte Vorurteile in dieser Hinsicht überwinden lernte. Daß ich dann dem Drängen C.'s, ihn zu heiraten, doch nachgab, da er wollte, daß sein Kind auch seinen Namen trüge – war es Schwäche? Oder war es das Bedürfnis, meinen frühkindlichen Schwur, selbst nie ein vaterloses Kind in die Welt zu setzen, einzulösen? Vermutlich spielten alle Dinge eine Rolle, ebenso, wie bei meiner Entscheidung nur zwei Monate später. C. wollte wegen politischer Querelen mit der SED seiner Verhaftung zuvorkommen und floh über Berlin, wo wir beide im östlichen Teil der Stadt an verschiedenen Bühnen engagiert waren, in den Westen Deutschlands. Was sollte ich tun? Er beschwor mich, in der DDR zu bleiben, malte mir düstere Bilder von meiner künstlerischen Zukunft im «freien» Westen und bat mich, mir meine Entscheidung genau zu überlegen. Da saß ich nun in Ostberlin in unserer Theaterwohnung, die aus einem Zimmer bestand, und mußte einen Entschluß fassen, der über mein Denkvermögen ging. Gerade hatte ich mein erstes Kind geboren und hatte in der Zeit meiner Schwangerschaft, von Entsetzen gepeinigt, feststellen müssen, daß ich durchaus nicht die einzige Frau war, die mein Mann begehrte, aber doch die Frau, die er, wie er meinte, am wenigsten entbehren konnte. Was sollte ich tun? Eben hatte ich die bürgerlichen Eherechte erworben und damit einen Status erreicht, der mich nicht wenig verwirrte. Was mir alle Schullorbeeren und beruflichen Erfolge nicht einbringen konnten, das erntete ich jetzt als gesetzlich anerkannte Ehefrau mühelos: plötzlich war ich überall gesellschaftsfähig, wie ein eheliches Kind. Autorität und Macht des Mannes zählt und wiegt immer und immer doppelt. Sollte ich das nun wieder aufgeben? Es war, so weit ich mich erinnern kann, das einzige

Mal in meinem Leben, daß ich mich zu einer «leichten» Lösung bereit fand. Ich entschloß mich, meinem Mann zu folgen.
Wieder begannen Jahre des Kampfes und der Entbehrungen, Jahre des Hungers und des Neubeginns. Das Muster kannten wir beide. Ein neues Stigma gab es außerdem: an Stelle des «unehelich» trat nun das der «Sachsen» und «Ostflüchtlinge», nur, dies war zu zweit leichter zu ertragen. Viele Jahre später, in einem Programm, das C. allein spielte, gab er diesen Makel dem bestürzten Lachen des Publikums preis, indem er mit einem Davidsstern auf dem Jackett auftrat, in dessen Mitte das Wort «Sachse» prangte.
Die Flucht hatte es mit sich gebracht, daß er, der bessere Rechner von uns beiden, der Verwalter unseres Nichtkapitals wurde. Wir wirtschafteten in eine Kasse, die er verwaltete, und beschlossen gemeinsam, was wofür ausgegeben wurde. Das verlagerte sich fast unmerklich, vor allem von da an, wo wir unser eigenes Unternehmen gründeten, völlig auf ihn. Obwohl an Sparsamkeit gewöhnt, fehlte mir jede Praxis im geschäftlichen Umgang mit Geld. Verträge schließen, Gagen aushandeln, Kalkulationen machen, da blieb ich stets unterm Strich. C. hatte das als Sohn eines Kaufmanns genauso im Blut wie seine überragende kabarettistische Begabung. Sein erneut einsetzender Erfolg sollte das auch bald bestätigen, und sein sieghafter Aufstieg brachte mich immer mehr dazu, seine Entschlüsse für unfehlbar, sein Handeln für die einzige, grundsätzlich richtige Möglichkeit zu halten. Selbst bei der Erziehung unserer Kinder, inzwischen hatten wir auch noch einen Sohn, neigte ich immer mehr dazu, seine Maßnahmen zu akzeptieren, obgleich sie meinem pädagogischen Wissen und meiner Sachkenntnis widersprachen.
Da C. gleichzeitig mein Chef und Vorgesetzter wurde, der geniale und erfahrenere Berufskollege war, der mir immer häufiger die Grenzen meines Könnens nachwies, verschoben sich allmählich alle Maßstäbe. Wenngleich von Publikum und Presse beifällig aufgenommen, ließ ich mich von ihm mehr und mehr in eine Versagerrolle drängen und ertrug stillschweigend die aufkommenden und massiver werdenden Vorwürfe, seine Karriere zu hemmen, ein Anhängsel zu sein, das

ihn mit einer Familie belastet. Ich hatte die Familie allerdings auch nicht gewollt, aber sie war ja doch da, und mit Absicht wollte ich seine Karriere schon gar nicht bremsen, aber wäre er nicht weiter gekommen ohne mich? Er hatte mich gewarnt, nach dem Westen zu kommen, und ich hatte mich für den einfacheren Weg entschieden! Durch Arbeit für unser Theater versuchte ich wettzumachen, was meine Unzulänglichkeit anscheinend nicht schaffte. Ich übernahm alle nur denkbaren anfallenden Nebenarbeiten, vom Abrechnen bis zum Putzen, vom Verwalten bis zur nach und nach selbständig geführten Geschäftskorrespondenz. Doch die überdimensionale Schuldenlast in mir wuchs und wuchs und versklavte mich restlos. Die Frage nach Taschengeld wagte ich kaum noch, wozu brauchte ich es schon? Er bestimmte und kaufte, was ich anzog, er entschied, welche Frisur ich zu tragen hatte, er ordnete an, wie ich mich als Geschäftsfrau geben und als Künstlerin auftreten sollte.

Als nach fast elfjähriger Ehe, nach all den Jahren des mühsamen Aufbaus unser eigenes Haus stand, das Theater etabliert war und die Kinder begannen, in die Oberschule zu gehen, fing unsere Gemeinsamkeit an, sich aufzulösen. Da erst entdeckte ich, daß es mich nicht mehr gab. Wir befanden uns auf Tournee und wurden um Autogramme gebeten. Zu meinem größten Entsetzen sah ich plötzlich, daß es sein Name statt des meinen war, den ich da hingeschrieben hatte. Ich versuchte, die Situation mit einem dünnen Witz zu überbrücken, nicht ahnend, daß dieser Vorgang einen Prozeß in mir auslösen sollte, der durch Höllen führte.

Wo war ich? Wer war ich? Kann sich ein Mensch in Nichts auflösen und doch als Körper anwesend sein? Ich begann mich selbst zu beobachten oder besser das, was von mir noch übrig war. Das konnte sich weder richtig bewegen (Mach nicht so kleine Schritte! Tanzen kann man auch nicht mehr mit dir! Du hast nicht den geringsten Charme! Bankert!), das konnte nur noch mit eckigen Handbewegungen gestikulieren und allenfalls noch gelernte Texte von sich geben (Du sprichst zu schnell. Du sprichst zu langsam. Du betonst falsch. Du sprichst immer nur auf einem Ton. Betone doch nicht jedes Wort. Du kannst überhaupt nicht sprechen. Du hast schiefe Zähne. Mach bloß das Maul nicht auf.) Das klammerte sich an sein Sprachrohr Mann. (Laß mich reden. Laß mich antworten. Häng dich da nicht rein. Es ist mir peinlich, wenn ich dich mit anderen diskutieren höre. Du redest nur Schwachsinn. Drück dich nicht so primitiv aus. Gebrauch nicht Wörter, die du nicht verstehst. Du mußt die Klappe halten. Halt die Schnauze.) Das nahm aufatmend zur Kenntnis, daß die inzwischen elfjährige Tochter dem sprachgewandten Vater Paroli bieten konnte, wie es «das da», was mich ausmachte, nie mehr gekonnt hätte. Das da fand im Alkohol einen glänzenden Erfüllungsgehilfen, der die Zunge lockerte (wie bei ihm), der Mut machte (wie bei ihm) und der die nicht enden wollenden schlaflosen Nächte verkürzen half. Jahrelang wartete ich Nacht für Nacht meist vergeblich auf C. Von den widersprüchlichsten Gefühlen gepeinigt, vom sinnlosen Grübeln zerquält, fand ich wenigstens beim Trinken Vergessen und Schlaf. Ich weiß nicht, wie viele Frauen dabei halfen, den Rest meines nur allzu kläglichen Selbstbewußtseins total zu zerfetzen und mich aufzugeben. Von Solidarität, mit einer einzigen Ausnahme, keine Spur. In ohnmächtiger Verzweiflung hockte ich auf den Trümmern einer gewesenen Zweisamkeit. Einem Gefühl der Hingabe ausgeliefert, das kein Mensch mehr verstand. Immer wieder vergegenwärtigte ich mir ein Erlebnis seiner Kindertage, mit dem ich mir sein unerträgliches Verhalten zu erklären versuchte. Er hatte es mir am ersten Abend unseres Kennenlernens erzählt, es spukte durch seine Träume und ließ ihn nachts oft mit einem irrsinnigen Schreien aus dem Schlaf fahren. Als Siebenjähriger, von seiner Pflegemutter schon ständig auf die perverseste Art gequält, von der eigenen Mutter verlassen, mußte er eines Tages sein Kätzchen, an dem er mit allen Fasern seines Herzens hing, zur Abdeckerei bringen, da es wieder einmal Fleisch gestohlen hatte. Es war Winter und der Weg war etwa zwei Kilometer weit. Das Kätzchen wurde in einen Rucksack gesteckt und er zog los. Zwei Kilometer mußte ein siebenjähriges Kind durch den Schnee stampfen, um das Liebste, das es besaß, zum Töten wegzubringen. Vor seinen Augen wurde das kleine Tier aus dem Rucksack gezogen und ins Feuer geworfen. Durch Kälte und Schnee ist C. ein Leben lang gelaufen und tötete beständig das Liebste, das er besaß. Seine erste Frau, sein erstes Kind, mich, unsere Kinder und letztlich auch sich selbst – lieben, die Liebe als Last durch die Kälte tragen, das Geliebte zerstören.

Unsere Kinder sahen darin eine Geschichte wie viele andere. Sie waren nicht bereit, sie auf sein Leben zu übersetzen. Sie verstanden mich nicht. Im Gegenteil, sie verachteten mich für die Schwäche meines starken Gefühls für den Mann, der ihr Vater war. Wäre ich, hätte ich einen Vater gehabt, weniger verständnisvoll gewesen? Hätte ich es besser verstanden, meine Gefühle einzuteilen? Hätte ich als Frau Tricks beherrscht, die man womöglich als kleines Mädchen am Vater erlernen kann?

Merkwürdig übrigens, daß es Männer waren, denen mein Schattendasein aufzufallen begann und die versuchten, mir Mut zu meinem Ich zu machen. Ich mußte zu meiner größten Überraschung erfahren, daß es Menschen gab, die sich über mich Gedanken machten. Nächtelang setzten sie sich zu mir, mit und ohne Bettabsichten, und versuchten, meine immer rapider wachsende Selbstzerstörung aufzuhalten, indem sie Dinge an mir entdeckten, die ich selbst längst vergessen hatte. Doch von Komplexen zerrissen und an der immer größer werdenden Einsamkeit vergehend, hatte ich nicht mehr die Kraft, den Sprung zu mir selbst zu wagen. Ich lief weg und kam zurück, wenn es Abend wurde und mich die «Pflicht» auf die Bühne forderte, obwohl ich dort nichts verloren hatte, wie er mir täglich bestätigte. Ich schrieb ihm Briefe, die er mir am nächsten Tag lachend vorlas. Ich reichte die Scheidung ein und nahm sie wieder zurück, erklärte mich aber dazu bereit, keinem Menschen mehr zu sagen, daß wir verheiratet seien. Andere Frauen gingen in unserem Haus aus und ein, holten ihn mitten in der Nacht bei uns ab, kamen ins Theater, um mit ihm wegzugehen, mich zurücklassend, als sei ich eine der vielen Flaschen, die auf der Theke standen und an die mich zu klammern mein einziger, trostloser Ausweg blieb. Beziehungen, die ich zu anderen Männern herzustellen versuchte, fand C. bald heraus und wußte sie, rasend vor Zorn, zu zerstören.

Eines Tages kam, was kommen mußte: ich versuchte mein Nichtdasein zu besiegeln, indem ich mich mit Schlaftabletten vollpumpte. Nach drei Tagen wurde ich zu den Lebenden zurückbeordert. Drei Monate später starb C. an einem plötzlichen Herzversagen.

Kann Schmerz Schmerz auflösen? Not Not lindern? Qual Qual auslöschen? Nein, Leben kann nicht Leben aufheben. Nein, da stieg kein Phönix aus der Asche, da wurde ich nicht «befreit» vom Leidensdruck, ein neuer Mensch. Ich habe es nicht gelernt, häppchenweise zu lieben, sondern ganz. Vielleicht lernt man das als Kind mit Vater besser einzuteilen: ein Löffelchen für Papi, ein Löffelchen für Mami, ein Löffelchen . . . Ich lernte, daß man seine Portion aufzuessen hat – ganz. Mir wurde in einer Portion Vater und Mann zugeteilt, ich habe sie ausgelöffelt. Nun schmerzt mich, statt des Magens, das Herz.

Sylvia Düx
Ein guter Bekannter

Ich lebe mit einem Mann zusammen, der wesentlich älter ist als ich. Bin in die familiäre Situation zurückgekehrt, gegen die ich mich so lange gesträubt habe. Ich habe Angst, in dem Mann, den ich glaube zu lieben, meinen Vater wiederzuerkennen.
Vor einiger Zeit ging ich mit meinem Vater in eine Transvestitenshow. Im Theater trafen wir einen jungen Mann, den wir beide aus gemeinsamen politischen Veranstaltungen kennen. Plötzlich war ich irritiert. Mir war die Tatsache, als erwachsene Frau mit meinem Vater hier zu sein, unangenehm. Erst wenige Tage zuvor hatte mich eine Freundin darauf angesprochen: «Du hast ja eine merkwürdige Beziehung zu deinem Vater, du gehst mit ihm abends aus, in Kneipen, zu politischen Veranstaltungen . . .» Bis dahin hatte ich niemals etwas Merkwürdiges daran gefunden, sondern ich ging eben gerne ab und zu mit meinem Vater aus.
Mit Freunden und Bekannten besuchten wir öfter Jazzkneipen oder Restaurants. Wenn ich so mit meinem Vater zusammen war, fühlte ich mich eigentlich nie als Tochter, sondern eher als gute Bekannte von ihm.
In der Zeit, als wir zusammen diese Transvestitenshow besuchten, hatte ich mich gerade aus meiner zweiten längeren Beziehung zu einem Mann gelöst. Nach dieser Ablösung genoß ich meine Freiheit als sehr erholsam und produktiv. Konnte mir nun meine Freunde wieder selbst aussuchen, meinen eigenen Interessen nachgehen, alles ohne Rücksicht auf irgendwelche vorgegebenen Männernormen. Nun hatte ich viele «Männerbekanntschaften». Ich trat ihnen so gegenüber, wie ich es mir immer gewünscht hatte. Suchte sie mir nach Lust und Laune aus, und legte sie beiseite, wenn ich kein Interesse mehr hatte. Endlich fühlte ich mich für mich verantwortlich.
Ein Grund gerade während dieser Zeit, wieder öfter mit mei-

nem Vater auszugehen, war der, daß ich sehr oft in Gesellschaft von Männern auf eine entsetzliche, widerliche Langeweile stieß. Mit meinem Vater konnte ich immer sicher sein, daß ich einen angenehmen, anregenden und lustigen Abend verbringen würde. Er ist für mich eben nicht so langweilig, wie viele Männer in meinem Alter. Und ich begriff mich nicht als Tochter, sondern begriff meinen Vater als einen Menschen, einen guten Bekannten. Das Gefühl des Losgelöstseins von der Tochterrolle hatte ich zum erstenmal während meiner Pubertät erlebt.

Ich war ungefähr dreizehn Jahre alt und begleitete meinen Vater auf einer Dienstreise. Die komplizierteste Zeit in meinem Leben, zwischen Kind-Sein und Erwachsen-Sein. Tagsüber war ich sehr oft alleine in meinem Hotelzimmer und konnte selbst bestimmen, wie ich den Tag gestalten wollte. Wurde nicht beaufsichtigt. An einem Abend, es war ein regnerischer und kühler Tag, machten wir einen Spaziergang zu einer Burg. Wir sprachen zunächst über belanglose Dinge. Dann erzählte er mir von seinen Vernehmungen. Er war Untersuchungsrichter und vernahm Zeugen für den Auschwitzprozeß. Zum erstenmal war er mehr als Vater für mich. Es ist geblieben. Wodurch das damals ausgelöst wurde, weiß ich nicht. Aber ich hatte damals wohl zum erstenmal mich selbst als ernstzunehmenden Menschen erlebt. Auch diese etwas distanzierte Art von Kommunikation haben wir bis heute zueinander. In meiner Kindheit dagegen erschien er mir eher als Ungeheuer denn als Vater. Familie und Kindererziehung müssen wohl etwas überaus Lästiges und Einengendes für ihn gewesen sein.

Als Kind hatte ich oft Angst und nicht das geringste Vertrauen zu ihm. Er neigte stark zu ungezügelten Wutausbrüchen.

Es scheint mir problematisch, von der Beziehung zu ihm zu erzählen, ohne mein Verhältnis zu meiner Mutter einzubeziehen. Zu ihr hatte ich ebensowenig eine Mutter-Beziehung wie zu meinem Vater eine Vater-Beziehung.

Sie war für mich eine Vertraute; ich hatte das Gefühl, ihr alles anvertrauen zu können, was mich beschäftigte. Sie gab mir einen ungewöhnlich starken Halt. Stets strömte sie Lebens-

Optimismus aus, an dem ich mich immer aufrichten konnte, wenn es mir schlecht ging.
Mutter, das war Zufluchtsstätte.
Vater, das sind eher negative Erinnerungen an die Kindheit.
Einmal an Weihnachten wollte ich gerne «Peterchens Mondfahrt» im Fernsehen ansehen. Über irgend etwas für mich Unverständliches hatte er sich geärgert. Er schloß einfach das Zimmer, in dem der Fernsehapparat stand, ab. Und er verweigerte jede Erklärung für sein Verhalten.
Fernsehen gehörte zu meinen Lieblingsbeschäftigungen als Kind. Vor dem Bildschirm konnte ich mich in mich selbst zurückziehen.
Ebenso unverständlich für mich reagierte er ein andermal: Im Alter von ungefähr zwölf Jahren hatte ich gemeinsam mit anderen – während des Aufenthalts in einer Jugendherberge – bei einer Kissenschlacht eine Lampe zerstört. Lustig und locker erzählte ich das zu Hause. Er reagierte sehr schroff. Meinte, so etwas sei unmöglich, und machte mir die größten Vorwürfe. Meine Mutter zog mich zur Seite und sagte leise, ihm so etwas zu erzählen habe keinen Sinn, ich solle es künftig lassen.
Die Angst vor ihm und das Gefühl, völlig unverstanden zu sein, erhielt sich lange. Bis ich ungefähr dreizehn Jahre alt war.
Eines Abends kam ich etwas später nach Hause und sah meinen Vater heulend am Küchentisch sitzen. Es war zu der Zeit, als er die Voruntersuchungen im Auschwitz-Prozeß durchführte, sie beinahe beendet hatte. All diese Greueltaten, auf die er stieß, hatten ihn einen Nervenzusammenbruch erleiden lassen.
Dieses Erlebnis veränderte unsere Beziehung grundlegend. Inzwischen auch alt genug, politische Zusammenhänge begreifen zu können, ging ich von nun an so behutsam wie möglich mit ihm um, begann so manches zu verstehen. Wir begannen regelmäßig miteinander über Politik zu sprechen. Saßen oft gemeinsam nachts in der Küche, tranken ein Bier und setzten uns gegenseitig politische Einschätzungen und Standpunkte auseinander.
Dennoch, auch die Konflikte gingen weiter. Aber nie mehr so gravierend. Waren nun mehr generationsbedingt als grundsätzlich.

Wenn ich beispielsweise abends spät nach Hause kam.
Wieder einmal war es sehr spät geworden. Ich schloß die Tür auf, und mein Vater kam mir im Schlafanzug entgegen. Wegen eines Heuschnupfens hatte er sich zwei zusammengerollte Papiertaschentücher in die Nasenlöcher gesteckt. Er erschien mir lächerlich, in diesem Aufzug. Er war sehr empört, daß ich so spät kam, und er machte den verzweifelten Versuch, mir seine Autorität zu beweisen. Erklärte, aus mir würde nichts werden, wenn ich immer so spät nach Hause käme. Immer und immer wieder versuchte er mir auf diese Art und Weise Angst einzujagen. Diesmal beeindruckte er mich nicht, und das verärgerte ihn noch mehr. So orakelte er schließlich: «Hochmut kommt vor dem Fall». Dies sei einer seiner bürgerlichsten Kernsprüche, die ich noch lernen würde zu begreifen.
Über Sexualität haben wir, so lange ich ein Kind war, nie miteinander gesprochen. Wie in den meisten Familien, klärte mich meine Mutter auf. Mit ihr besprach ich meine sexuellen Probleme. Erst in den letzten Jahren sprechen wir manchmal miteinander über erotische Schwierigkeiten und Erlebnisse. Etwas Unbestimmbares hält uns allerdings bis heute davon ab, über aktuelle Sexgeschichten miteinander zu sprechen.
Wie auch in anderen Bereichen. Wir halten eine sehr vertraute Distanz zueinander.
Eine einzige Ohrfeige habe ich im Leben von ihm bekommen. Weil ich keine Lust hatte, Klavier zu üben. Darauf sprach ich drei Wochen lang kein einziges Wort mehr mit ihm. Dann träumte ich von der Ohrfeige, bekam erneut eine solche Wut, daß ich noch weitere drei Wochen sprachlos war. Ich hoffe, nein, ich denke, daß ihn meine konsequente Rache beeindruckt hat. Wann und wodurch wir wieder miteinander sprachen, weiß ich nicht. Ich vermute, daß er als erster wieder das Gespräch mit mir gesucht hat.
Diese Ohrfeige hat sicher auch mein gestörtes Verhältnis zum Klavierspielen ausgelöst. Er selbst spielt bis heute begeistert Klavier und Orgel.
Mir war das vierhändige Spiel mit ihm am meisten verhaßt. Er übernahm die schwierigen, ich die einfachen Passagen. Heute genieße ich es, dieselben Stücke mit meinem Freund zu spielen.

Und es ist schön, daß ich die schwierigen und er die leichten Passagen übernimmt. Als mein Vater uns vor einiger Zeit besuchte, spielten wir aus einer Laune heraus diese vierhändigen Stücke nach vielen Jahren noch einmal. Und ich bekam wieder diese Unlustgefühle – fühlte mich als Zehnjährige.
Zunächst hatte er mir selbst Klavierstunden gegeben. Später mußte er einen Lehrer für mich nehmen. Ich spielte inzwischen besser als er.
Einerseits hat er immer sehr darauf geachtet, daß ich regelmäßig übte. Als ich dann aber eines Tages – es war während der Pubertät – keine Lust mehr hatte, stellte er es mir frei, den Klavierlehrer jederzeit zu entlassen. Oft überließ er mir Entscheidungen. Andererseits war er sehr darauf bedacht, daß ich mich gesellschaftskonform verhielt. Mein erster Freund – ich war damals elf Jahre alt – war Mittelschüler. Ich war soeben auf das Gymnasium gekommen. Mein Vater regte sich maßlos darüber auf, daß ich nur «einen Mittelschüler» zum Freund hätte. Die moralische Frage dagegen, daß ich vielleicht zu jung für einen Freund sei, beschäftigte ihn dabei keineswegs. Ich war eben die Tochter eines «höheren Beamten», sollte mich entsprechend verhalten. Diesem Anspruch gerecht zu werden, habe ich bis heute nicht geschafft. Aus seinem Wunsch und meiner Wirklichkeit entstanden immer nur Konflikte. In der Schule, an der Universität, bei der politischen Arbeit.
In der Schule hatte ich den Ruf eines frechen, ungezügelten Mädchens, das aber zum Leidwesen der Lehrer immer gute Noten hatte.
Eines Tages beschimpfte mich meine Lateinlehrerin als Schwein. Mein Vater drohte ihr daraufhin mit einer Beleidigungsklage. Weil er eben in Streitfällen immer zu mir hielt, konnte ich mir auch in der Schule mehr erlauben als andere Kinder. Es kam die Zeit der antiautoritären Studentenrevolte. Ich war Schulsprecherin und hatte manche politische Auseinandersetzung zu bestehen. Sicher habe ich damals manches nur so selbstbewußt in Angriff nehmen können, weil ich mir eben der Unterstützung durch ihn sicher war.
Schon als ich klein war, hat er darauf geachtet, daß ich anders aussah als die anderen Kinder. Er wollte, daß ich lange Haare

trug, obwohl damals kurze Haare die große Mode für kleine Mädchen war. Diesen Anspruch, immer etwas Besonderes darstellen zu müssen, übernahm ich wohl auch unbewußt. Sicher wollte ich mich einerseits anpassen, andererseits genoß ich es aber auch aufzufallen, exotisch zu sein, einen schlechten Ruf zu haben.

Bei einem Gewerkschaftslehrgang hatte ich mich wieder einmal wenig gruppenkonform verhalten. Hatte mich stark geschminkt, und mein etwas zu großer Busen war für die Teilnehmer Grund genug, sich mit meinen sekundären Geschlechtsmerkmalen mehr auseinanderzusetzen als mit den vorgegebenen politischen Themen.

Als ich mich darüber ärgerte und einen der Teilnehmer darauf ansprach, sagte dieser mit einer mitleidigen Miene zu mir, darüber dürfe ich mich nicht wundern, mein Verhalten sei auch ungewöhnlich. Um ihm eine auf seine Denkweise angemessene Erklärung zu geben, erzählte ich ihm, daß ich es deshalb so schwer hätte, mich vernünftig zu verhalten, weil meine Mutter Jüdin sei und mein Vater als Zigeuner in einer Tonne geboren worden wäre. Ein Aufeinanderfallen dieser beiden Temperamente mache es eben schwer, sich normenkonform zu verhalten. Später fiel mir ein, daß diese meine Erfindung eine Gute-Nacht-Geschichte meines Vaters gewesen war.

Mein Bruder ist fünf Jahre älter als ich. Zu ihm hat mein Vater eine völlig andere Beziehung als zu mir. Wir hatten beide die gleichen Bildungschancen – Gymnasium und Studium. Mein Vater besprach aber politische Probleme viel früher und auch intensiver mit ihm als mit mir. Ich glaube, unterbewußt dachte er, daß eine Frau eben doch nicht politisch so gebildet sein muß wie ein Mann. Letztlich hatte das aber für mich keine Auswirkung. Heute glaube ich mich politisch konsequenter zu verhalten und zu denken als er. Was sich bei mir jedoch von der so verschiedenen Mädchen-Junge-Beziehung erhalten hat, sind noch heute bestehende Lernschwierigkeiten.

Mein Bruder war derjenige, der mit viel Schwung intellektuell arbeitete. Mich interessierte zwar auch vieles, aber den richtigen Mut fand ich lange nicht, mich an all die Bücher zu wagen und an den Gesprächen und Diskussionen zu beteiligen.

Das alles kann ich nicht meinem Vater vorwerfen. Schließlich hat auch er eine bürgerliche Erziehung genossen.
Bald werde ich mein juristisches Examen hinter mir haben. Es hat lange gedauert, bis ich in der Lage war, diszipliniert zu arbeiten. Sicher, gemessen an den meisten Frauen, hatte ich eine optimale Ausgangsposition, dennoch kostet es mich unvergleichbar mehr Mühe als zum Beispiel meinen Bruder, mich mit dem Gedanken abzufinden, selbständig einen akademischen Abschluß zu erreichen. An diesem Punkt offenbart sich das Problem, daß ich nicht fähig bin, über die Beziehung zu meinem Vater etwas zu schreiben, wenn ich nicht die uns umgebenden gesellschaftlichen Verhältnisse betrachten kann.
Er hat eben so auf mich eingewirkt, wie man auf ihn eingewirkt hat.

Susann B. Haim
Der Schatten hinter dem Paravent

Nach Wochen und Tagen des mühsamen Verdrängens, der Angst, mich mit einem Manuskript auseinanderzusetzen, das ich vor Monaten verbrochen habe, sitze ich jetzt im alten Café mit Blick auf den Garten. Die Herbstsonne wärmt durch Dunstschleier und schmutzige Glasscheibe. Hinter mir Gesprächsfetzen sonntäglicher, sonntagmorgendlicher Kaffeehauskunden.

Wirklich, der Vater, um den es geht, erscheint nur selten. Kaum beginne ich, ihn zu betrachten, zu beschreiben, zu beurteilen, schon ist er wieder aus dem Gruppenbild entschwunden; es erscheinen: die Dame, die Buben, die Prinzen, ich selbst und das Fußvolk. Die Dame – meine Mutter; die Buben – meine Brüder; die Prinzen – meine Liebes-Beziehungen; das Fußvolk – das Milieu, die Verhältnisse.

Es ist wohl tatsächlich so gewesen, daß mein Vater am Rande der Familie lebte. Soweit ich mich erinnern kann, bestand zwischen ihm und seinen Kindern kein enges Verhältnis, schon gar keine innige Beziehung. Wir vier waren für ihn seine Familie, seine Kinder, seine Nachkommenschaft –, aber niemals Hans, Heinz, Holger und Susanne. Von uns erwartete er Leistung. Die Müllerschen – seine – Kinder sollten geachtete Positionen in Arbeitsleben oder Gesellschaft einnehmen und damit die Familientradition – das Hervorbringen von Bürgermeistern, Standesbeamten und Großbauern fortführen. Mit diesem Ziel vor Augen brachten meine Eltern auch entsprechende Opfer. Sie selbst und auch wir Kinder verzichteten auf manche einfache Freude, auf Konsum und Freizeit, damit für uns der Besuch einer höheren Schule möglich wurde.

Unser Vater setzte uns mit seinen Vorstellungen unter einen Druck, dem wir nicht gewachsen sein konnten. Er selbst lebte wohl seit seiner eigenen Jugendzeit in dem Bewußtsein, unter-

drückt zu werden – ohne jede Möglichkeit, sich dagegen erfolgreich zu wehren. Im Gegenteil, er akzeptierte die Unterdrücker willig als Repräsentanten der etablierten Hierarchie. Da war sein eigener Vater, autoritärer Bauer, als dessen drittes Kind er nach Frankfurt in eine kaufmännische Lehre geschickt wurde: in ein Leben mit geringsten Mitteln als Untermieter. Wöchentlich einmal Einladung zum Mittagessen beim arrivierten Onkel, der als Rechtsanwalt mit einer Großgrundbesitzertochter verheiratet war. Mein Vater war in diesem Milieu seiner schlichten Tischsitten wegen nicht vorzeigbar, sehr bald wurde ihm das klargemacht. Sein Lehrherr – er war offensichtlich ein Meister seiner Zeit – nützte seinen Lehrling weitgehend aus. Besonders demütigend für den kleinen Albert waren die Gänge zur Apotheke. Dort mußte der selbst noch jungfräuliche und gehemmte Landbub für seinen Herrn Präservative kaufen, damit der Beischlaf mit der Nebenfrau gefahrlos vonstatten gehen konnte.
Diese letzte Episode stammt aus der Erinnerung meiner Mutter; mein Vater selbst sprach mit mir niemals über seine psychischen Probleme. Meine Mutter ist auch der Ansicht, daß eine unverschuldete Arbeitslosigkeit in der Zeit vor seiner Eheschließung ihn sehr erschüttert hat. Mir gegenüber hat er in Gesprächen immer seine relative Freiheit und Sicherheit als Bauer sehr positiv gewertet.
Zeitlich davor lagen noch einige Jahre in Frankfurt, als wohlgekleideter und gepflegter Beau, Verehrer und dann Geliebter einer jungen Frau, die sich von ihrer Mutter zurückgesetzt fühlte; sie suchte die Mutterliebe durch nächtliches Nähen zu erringen, fand aber Anerkennung nur auf anderen Ebenen: im Sport, Theater und in Pariser Mode – meine Mutter.
Als Zwölfjährige fand ich einmal Liebesbriefe, die mein Vater ihr geschrieben hatte. Es waren Zeilen voll poetischer Vergleiche, aus denen die Sehnsucht sprach, Geborgenheit zu finden und auch zu geben. Da war von Küken und Rebhuhnmüttern die Rede und von Nestern. Nie hätte ich in meinem Vater einen Schreiber solch zarter Lyrik vermutet. Diese Seite seines Charakters ist mir gegenüber nie sichtbar geworden. Ich erinnere mich nicht an ein einziges zärtliches Wort oder Gespräch, an keine zärtliche Geste.

Umstände, auf die er keinen Einfluß hatte – Selbstmord des großen Bruders und Hoferben, Ehe- und natürlich auch Kinderlosigkeit der älteren Schwester –, «zwangen» ihn und die Ehefrau aufs Dorf. Sie waren bereit, die Bauernhof-Tradition fortzuführen. Für meinen Vater war es sicher auch die Rückkehr in eine überschaubare Welt, in die geachtete Position des Großbauernsohns. Recht bald verlor er alle weltmännischen Ambitionen, genoß das Klein-Klein-Gerede mit den Dorfbauern und floh das Familiendomizil, wo er die städtische Frau mit ihren Ansprüchen an ihn allabendlich zurückließ. Sie verbrachte den Abend grollend mit Handarbeiten und ermöglichte dem spät heimkehrenden Ehemann dann doch die Ausübung der ehelichen Pflichten.

Sie, die Mutter, wird sich immer größer, immer hilfreicher, immer vor- und fürsorglicher zwischen die nun heranwachsende Susanne, ihre Brüder und den Vater stellen. Sie tut es nicht aus niedrigen Beweggründen, nicht aus Ehrgeiz, Machtstreben oder Herrschsucht. Sie tut es, weil der Papa hochgradig nervös ist, weil er die Parkinsonsche Krankheit hat, weil er sich völlig unangemessen stark über Kleinigkeiten erregt. Man darf ihn aber nicht aufregen. Es ist für das anstehende Problem und auch die Ruhe der Familie notwendig, alles in bester Form an ihn heranzutragen. Die beste Form aber kann nur von Mamá gefunden werden, die das Anliegen möglichst zu dem ihren macht und, wenn überhaupt noch nötig, an Papa heranträgt. Die Antwort kommt dann wieder über Mamá. Sie beschwichtigt und überlegt Wege, Auswege und Alternativen. Sie managt das Familienleben. Es soll möglichst wenig diskutiert werden. Ich muß mir vorher überlegen, ob ein Wunsch realisierbar oder legitim ist – vorher, das heißt, bevor ich es wage, damit an meine Mutter heranzutreten. Hält sie die Angelegenheit dann für aussichtslos, so hilft kein Diskutieren; Argumente und Kampf sind nicht üblich.

Die wirtschaftlichen und finanziellen und psychischen Zwänge sind allerdings ungeheuer groß: ein mittlerer, etwas vernachlässigter Bauernhof als Existenzgrundlage, die Kinder sollen aber eine gute Schulbildung haben und möglichst wenig zu Arbeiten auf dem Acker herangezogen werden (letzteres besonders aussichtslos), der Vater voller Existenzangst; die Mutter, ohne Mitgift in die Ehe gekommen, ringt nach Anerkennung ihrer Leistung, sucht Liebe bei Mann und Kindern, muß durch immer neue und größere Opfer ihren Wert beweisen.

Mein Vater, das ist für mich der Mann hinter dem mit durchscheinendem Papier bezogenen Paravent. Ich höre ihn schreien und lamentieren, über die nicht funktionierenden Maschinen, Dünger, Kinder, Nachbarn, seine Frau. Er versetzt mich in Angst und Schrecken. Ich kann mich nicht verteidigen, auch nicht andere verteidigen, und um so mehr fühle ich meine Schuld schwer und meine Hilflosigkeit beklemmend. Wie ich erstarrt die ganze Familie, wer kann, verdrückt sich. Nur Mamá kann den Papa noch beschwichtigen, sie tut es dann auch meistens.

Hier paßt sehr gut eine Begebenheit, die ich als das Schlüsselerlebnis meiner Kindheit betrachte. Noch heute sehe ich das Dekor: Die altmodische Bauernküche, großer schwarzer Herd aus Gußeisen, ein fest im Boden eingemauerter Kupferkessel, unter dem man ein Feuer entzünden kann und in dem man Würste und Fleisch nach dem Schlachten kochen konnte, in dem man aber auch samstäglich badete, in dem man Birnen und Pflaumen zu Latwerge verkochte, ein großer Eßtisch mit Platz für zehn Personen. Es regnet draußen, es ist wohl Herbst. Mein Vater stürmt von draußen herein, knallt die Tür zu, ist hochrot im Gesicht und schreit wild: «Und mit so etwas ist man verheiratet! Weshalb habe ich dieses Weib nur geheiratet!» – Was war geschehen? Nicht viel: Meine Mutter hatte vergessen, einige Säcke ins Trockene zu bringen, die nun, vom Regen durchnäßt, zunächst unbrauchbar waren.

Ich war tief verstört. Ich habe meinem Vater die Beleidigung meiner Mamá, der großen, geliebten Mutter nie vergessen können. Nicht nur hatte er sich nicht als meine Bezugsperson profiliert, er hatte die wichtigste und hochwertigste Person in meinem Leben beleidigt. Damit scheint mein Vater in meinen Augen endgültig verurteilt, verurteilt als unberechenbarer, aber leider doch sehr wirksamer großer Schatten hinter der spanischen Wand, fragwürdig in seinen Reaktionen, uner-

reichbar für Argumente und doch durch die Mutter als Autorität vertreten und aufrechterhalten.
Daß seine Kinder, meine Brüder und ich, ihn nicht akzeptierten und nicht liebten, er muß es im Laufe der Zeit gemerkt haben. Allerdings hat er es nie ausgesprochen. Ich glaube eher, daß er sich dadurch später bewußt außerhalb der Beziehung «Mutter–Kinder» etablierte.
Während ich mir Gedanken machte, welche Bedeutung mein Vater für mich hatte, kam mir wieder zu Bewußtsein, wie selten ich direkten Kontakt mit ihm hatte, wie wenig wir zusammen gesprochen haben, wie rar Unternehmungen mit ihm waren. Um mehr Authentisches zu erfahren, befragte ich vor einigen Tagen meine Mutter nach Äußerungen und Haltungen, die die Gefühle und Gedanken meines Vaters mir gegenüber hätten zeigen können. Seltsam, auch sie – die Mamá – redete recht allgemein über ihre eigenen Gedanken und das allgemeine Verhalten meines Vaters. Quellenmaterial, ungebeugte Informationen, Indizien erhielt ich nicht. Alle Aussagen waren durch den Filter der Familien-Mutter und Ehefrau gelaufen. Ziemlich enttäuscht ließ ich das Gespräch auslaufen. So war mir einmal mehr vorgeführt worden, wie sehr die Mamá das eigene Image und auch das überkommene ihres Ehemannes verteidigt. Und doch etwas Neues: erstmals äußerte sie, daß viele Menschen den Eindruck gehabt hätten, sie sei der dominierende Teil in ihrer Ehe gewesen. Sie selbst meine jedoch, eigentlich habe sie nur die vorher eingeholte oder erwartete Meinung meines Vaters vertreten. Sie versucht offensichtlich, sich mit ihrer Rolle im Familienleben auseinanderzusetzen.
Ich selbst erinnere mich noch an Verhaltensweisen und Gesten von ihm, die mich seinerzeit wirklich überraschten und beeindruckten. Sie paßten einfach nicht ins Bild, sie verunsicherten. Ich wußte sie nicht einzuordnen, und auch heute ist mir noch nicht klar, wie sie zu werten sind: als ich wohl etwa sechs Jahre alt war, fuhr mein Vater einmal mit mir nach Wiesbaden. Ich weiß nicht mehr warum, jedenfalls sehe ich mich noch mit ihm in einem bekannten Eislokal sitzen. Vor mir steht eine Riesenportion Eis: Himbeer-Rosa und Vanille-Gelb und Viel-Viel.

Großzügigkeit und Spendierluxus war ich nicht gewohnt.
Mein Vater wollte mit mir einen Mantelstoff kaufen. Angesetzt waren wohl fünfzig Mark, oder so. Schließlich aber kaufte er entgegen aller Planung, Sparsamkeit und Existenzangst einen feudalen englischen Harris-Tweed, der mehr als das Doppelte kostete.
Nachdem mein Mann sich selbständig gemacht hatte, wollte er meinem Vater das inzwischen angemietete Lager zeigen, in dem schon eine Lieferung Tapeten deponiert war. Plötzlich öffnete mein Vater seine Brieftasche und drückte meinem verwirrten Mann DM 100,– in die Hand mit der Bemerkung: «Hier ist die erste Miete.» Wieder einmal war ich völlig überrumpelt.
Durchgehend aber war in mir gegenüber meinem Vater, auch gegenüber meiner Mutter, die ihn zu vertreten hatte, ein Gefühl der Angst. Ich fürchtete zu versagen. Ich bangte, daß die Opfer, die man für mich gebracht hatte, umsonst gewesen sein könnten, daß ich in der Schule und auf der Universität versagen könnte. Wirklich hatte ich noch als Dreißigjährige regelmäßig Alpträume, in denen ich im Abitur versagte und das meiner Mutter beichten mußte. In diesen Träumen trat mein Vater allerdings nie auf.
Bis heute glaube ich, daß einerseits der Leistungsdruck – er erstreckte sich auch auf moralische Ebenen wie: nicht lügen, viel arbeiten, niemanden verletzen, sich anpassen, freundlich sein, helfen, nicht murren, nicht fordern – andererseits die Angst zu versagen, es waren, die die instinktive Auswahl meiner männlichen Partner weitgehend bestimmte.
Die Männer, die ich bisher wirklich liebte, von denen ich mich in der Rückschau abhängig fühlte, waren stets kleiner als ich. Sie waren entweder sehr gut aussehend oder regelrecht häßlich, so auch mein geschiedener Mann. Sie waren nicht dünn, nicht dick, aber körperbewußt und kräftig.
Stark emotional waren sie alle, risiko-bereit, ausdauernd in der Verfolgung ihrer Ziele. Bedingungslos machten sie mir den Hof, bis ich kapitulierte, sie überrannten meine Minderwertigkeitsgefühle und meine Lebensangst. Ich vergaß, daß ich früher meine Mutter anlog, daß ich verbotene Spiele mit den

kleinen Jungens spielte, daß ich eine Prüfung versaut hatte, daß ich – und das vor allem – ein Kinderlähmungsbein hatte und von daher kein Recht und keine berechtigte Hoffnung auf die Erfüllung phantastischer Wünsche haben konnte. Ich fühlte mich aufgebaut, bestätigt. Auch in der Rückschau noch erscheinen mir diese Erfahrungen und Gefühle, die mir besonders mein geschiedener Mann über viele Jahre hinweg vermitteln konnte, sehr wichtig für meine psychische Entwicklung gewesen zu sein.

Und intellektuell, wie war es da eigentlich?

Verglichen mit meiner eigenen Ausbildung, war die meines Partners meistens formal geringer. Ich war jedoch nie überlegen. Ich lebte mit dem Wust von gutbürgerlicher Bildung aus Realgymnasium und Studium generale, quer durch die Mitte gelesener Literatur – mehr verschlungen als verdaut – nicht frei reproduzierbar – höchstens auf Abruf im Zusammenhang verwertbar. Meine Partner wußten, was sie gelernt hatten, sie konnten alles verwenden und sie taten es meist mit Erfolg. Am Ende waren sie mir damit völlig überlegen.

Und doch hatte ich am Anfang meiner Beziehungen stets den Eindruck, daß ich nicht vereinnahmt würde, daß ich nicht gefesselt, nicht ausgeliefert wäre, vor allem nicht dauernd in Frage gestellt sei. Ich bewunderte also nie meinen Anbeter, ich fühlte nie seine Überlegenheit, ich meinte wohl immer eine Rückzugsmöglichkeit offen zu haben.

Fast zehn Jahre lang «hielt» eine Ehe mit einem solchen Sonder-Exemplar. Noch dazu war er sehr geistreich, springlebendig, unternehmungslustig, zukunftsorientiert, voller Vertrauen in die eigenen Möglichkeiten, Jude, Waise, Franzose, Auslandsfranzose, geboren in Ägypten, de-Gaulle-Soldat. Für Israel hatte er nach der Gründung Einwohner rekrutiert, um Jahre später das gleiche Land wegen seiner Rassenpolitik und seines Rigorismus zu verdammen und es enttäuscht wieder zu verlassen. Nach drei Verabredungen machte er mir einen Heiratsantrag, den ich auch sofort akzeptierte, damals in Israel, auf der Parkbank morgens gegen vier Uhr. Ein halbes Jahr später war er in der Bundesrepublik und ein Jahr später mein angetrauter – in der Kirche angetrauter – Ehepartner.

Er war das perfekte Gegenteil der Männer meiner Familie und das selbstverständliche Gegenstück meines Vaters. Auch äußerlich: klein, häßlich – krumme Nase, Überbeißer, große Ohren, kurzsichtig, sein Kopf war fast so groß wie sein Oberkörper, der Oberkörper viel zu groß für den Rest, die Schultern zu breit für die Hüften.
Ich würde ihn heute – nach drei Jahren der Trennung – genauso begeistert begleiten wie damals; meinen Mann, der, anders als mein Vater, nicht Anpassung übte, sondern nach dem Prinzip «dennoch» handelte, der seine Wünsche verwirklichen wollte und an die Erreichbarkeit seiner Lebensziele glaubte.
Nach dem letzten Absatz hatte ich mein Papier zusammengepackt. Ich war übermäßig erregt, und es gab auch keinen Platz mehr auf dem Tisch. Ich sehe um mich: Wieder einmal trifft mein Blick den eines Mannes. Seine Lektüre, Bukowski, liegt vor ihm auf dem Tisch.
Dann gelingt es ihm, mich in ein Gespräch zu ziehen. Ich sehe ihn an: Er ist erregt, gespannt, sehr konzentriert. Alles bemerke ich, auch seine Spannung, diese springt auf mich über. Bereits zu allen Eventualitäten bereit, gehe ich mit ihm und seinen Freunden zum Abendessen. Wir sitzen einander gegenüber, fühlen unsere Sehnsucht, unseren Wunsch, uns gegenseitig zu berühren, uns anzusehen –, und immer nur das.
Für mich sind es fast körperliche Schmerzen. Der nächste Abend, die Nacht, erfüllen all meine Sinne: Ohren, Nase, Augen, Hände, wieder Hände und wieder Hände, Beine; Intellekt und Gefühle waren gleichermaßen begeistert. Sensation – Transport – die ganze Bandbreite des Vorstellbaren.
Nach Jahren der Starre genoß ich leidenschaftlich. Wieder war ich meinem Vater entronnen: Der neue Mann: häßlich, Überbeißer, rothaarig, O-beinig, leidend aber stark genug, dies zu zeigen, mir zu zeigen, er war risiko-bereit, begeistert und begeisternd. Er war eben nicht, nein wirklich, er war überhaupt nicht wie mein Vater.

Dieser letzte Mann ist aus meinem Leben verschwunden. Ich habe keinen Kontakt mehr mit ihm und werde ihn wohl nicht wieder sehen oder fühlen.

Mein Vater ist vor drei Jahren überraschend gestorben; auch zu ihm keinen Kontakt mehr, nicht mal ein Foto habe ich in meinen verschiedenen Alben finden können, auf dem er abgebildet war. Ich bin sehr darüber erschrocken, über diese Konsequenz meines Unterbewußten, die eindeutige Entscheidung, mein Vater-Bild zu unterdrücken.
Den letzten Mann jedoch suche und finde ich, oder meine Psyche, in vielen Details, einem halben Lächeln, einem schiefen Bein, einer Fingerhaltung, einem Schriftzug. Immer neu hingerissen und erhoben, erwärmt und befriedigt, aufgerissen, verwundbar, aber in der Art, die ein Masochist wohl als Vorzug empfindet. Ich bin dem Nicht-Vater, dem Nicht-Liebhaber, dem Zweifler und dem schwachen Familienoberhaupt entzogen.

Margot Lang
Hundertprozentig

Auch an diesem Sonntagnachmittag waren bei uns zu Hause wieder die Verwandten zu Kaffee und Kuchen eingeladen. Ich wollte Ärger vermeiden, mußte also mit ihnen zusammen sitzen. «Ein Stück Kuchen wenigstens.» Dann wurde mir schlecht und ich konnte in das andere Zimmer verschwinden.

Er kam hinter mir her. Stank nach Grog. Lachte: «Na Kinder, was macht ihr denn hier.» Meine Cousine und ich versuchten, ihn wieder loszuwerden, drehten Jailhouse-Rock auf volle Lautstärke. Wir wußten, wie sehr er diese «Heulboje, Elfiss Presskopf» haßte.

«Los, mach leiser!» befahl er.

Ich suchte einen Weg in dem engen Zimmer, an ihm vorbei zum Plattenspieler. Aber inzwischen hatte er sich so aufgebaut, daß ich keinen Bogen um ihn machen konnte.

Wenn ich an ihm vorbeigehe, grabscht er nach mir, rechnete ich mir aus; weigere ich mich, die Musik leiser zu drehen, gibt's Krach. Ich war dreizehn.

Vater – das ist eine Aktentasche und ein Hut, der über blauen Augen pünktlich abends um fünf Minuten nach fünf um die Straßenecke biegt. Im Gleichschritt mit seinen Kollegen, lacht er, wenn er mich sieht.

Vater – der absolute Mittelpunkt meiner Welt. Er soll nah sein und zu mir sprechen. Mich streicheln, in die Luft werfen, auffangen, festhalten – totdrücken.

Vater – versteht Schwierigkeiten in der Schule durch Einfluß beiseite zu räumen, er, der doch völlig ohne Einfluß ist. Er verteidigt mich, die ich als die schlimmste in der Siedlung gelte und dabei so stolz darauf bin. Verteidigt mich auch gegen den einflußreich-neurotischen Kinderhasser, den Siedlungsverwalter. Der hat angeblich einen Herzanfall bekommen, weil ich

ihm – wie anderen auch – eine schwarze Hand an die Haustür gemalt habe mit warnender Aufschrift: Diese Hand kommt bald zu dir! Ich bin meinem Vater lieber als ein Herzanfall, wichtiger als eine sichere Wohnung. An der Wohnungstür hat er den Mann kurzerhand abgefertigt: Lassen Sie meine Tochter in Ruhe! Was immer ich mir auch ausdenke und anstelle: Nicht so wichtig, das sind Streiche, im Krieg haben wir ganz andere Sachen gemacht. Ich mache Geschichten, er erzählt mir welche. Jeden Abend eine. Er liest vor: Dreihundertfünfundsechzig und ein Tag, 1001 Nacht, Andersen, Grimm, Johanna Spyri, ich weiß nicht was alles. Bald habe ich die lückenloseste Märchenbildung, die ein Mensch haben kann.
Sechs Jahre alt muß ich damals gewesen sein.
Es war das Jahr, in dem der einzige hurrikanartige Sturm in unseren Breitengraden tobte, Dächer abriß und Bäume entwurzelte. In den Ferien nahm ich eine Blume zur Pflege mit nach Hause. Die Blume ging ein. Ich war verängstigt bei dem Gedanken, nach den Ferien ohne die Pflanze in die Schule zu müssen.
Als es so weit war, ließ sich mein Vater im Büro freigeben, ging mit mir und der verendeten Kalla in die Schule. Lief neben mir her und trug ganz vorsichtig das Produkt meiner mangelhaften Pflege. Es tue ihm leid, erklärte er, der aufkommende Sturm am letzten Schultag habe die Blume beim Transport geknickt.
Er wußte eben, wann er sich freinehmen mußte.
Das wurde ein langer Sommer für mich, den ich auf dem Lande bei seiner Mutter verbringen mußte, meiner Oma. Zum erstenmal getrennt von ihm. Rundum Bildstöcke, Altäre, betende Weiber, saufende Männer, Friedhöfe: Katholischer Wahn. Wie sollte man so was eigentlich ertragen?
Ohne ihn ging halt nichts. Zwei Brüder hatte er, meine Onkel. Sie verbrachten ihre Abende damit, mich abwechselnd zu verprügeln. Meine Oma sah ein: ohne Prügel war nichts zu machen. Über die Frage, wessen Pflicht es sei, die notwendige Erziehungsmaßnahme an mir durchzuführen, gerieten die beiden eines Abends in Streit. So sehr liebten sie es wohl auch nicht, mich auf diese Weise beruhigen zu müssen. Ich bekam

einen riesigen Lachanfall. Aber auf Prügel bestand ich, auch an diesem Abend, reizte so lange, bis es klappte. Konnte dann weinen, weinte mich müde, konnte endlich einschlafen.
Ich lernte, eine Heilige zu werden, umgab mich mit einer Schutzwand heiliger Frauen. Wanderte durch die Felder und Weinberge, hatte Erscheinungen. Nach Wunsch erschien mir die heilige Maria. Und immer war da die Angst, der Teufel käme mal aus Versehen.
Ich bin alleine im Haus und diese panische Angst kommt wieder, auch jetzt noch beim Schreiben.
Mein Vater kam mich besuchen. Dies alles sei echter Blödsinn, für alte Weiber wie seine Mutter erfunden; für uns beide seien diese Ideen sinnlos, suchte er mich zu beruhigen und schaute mich dabei mit forschenden Augen an.
Wieder ließ er mich alleine. Fuhr zurück nach Frankfurt. Ich hielt mich an meine Heiligen. Lief zu den Bildstöcken, riskierte die Teufelserscheinungen, sehnte sie herbei.
Ich schaltete ab, für lange Zeit. Erwachte wieder: rundum saßen alte Weiber, weinten laut und beteten. «Warum hängen da oben zwei Lampen über mir?» fragte ich. Das Geschrei um mich wurde noch lauter. Ich fiel zurück in die Dunkelheit, machtlos, und wurde dabei ein Jahr älter.
Wieder wachte ich auf. Sie brachten mir das Laufen wieder bei, kümmerten sich um mich, alle. Aber er war nie da. Dabei hatte mich doch ein Motorrad erwischt und an die Wand gedonnert, dabei war ich doch kurz vor dem Ende gewesen.
Dann war er doch da. Sie hatten ihn und meine Mutter mit allerhand Vorwänden von Besuchen abgehalten. Nichts davon erzählt, darauf gewartet, bis der Arzt mich heilte, darauf geschimpft, daß der Pfarrer nicht genug tat.
Im Nebenzimmer schrie er seine Mutter an: «Was hast du mit ihr gemacht, wollt ihr sie umbringen? Nie wieder bringt ihr sie in die Kirche, sonst erschlage ich euch alle.» Der Unfall und meine Heiligen, von denen ich ihm erzählt haben muß, waren für ihn gleichermaßen bedrohlich.
Er will wiedergutmachen. Kilometerweit schleppt er mich auf unseren Ausflügen auf seinem Arm. Lobt mich anschließend dafür, wie tapfer ich gewandert sei.

Er hat mich so oft getragen, daß meine Füße verkrüppelt wären, wenn ich sie nicht irgendwann auch mal selber gebraucht hätte. Hat mir Stöcke mit Herzen geschnitzt.
Er erklärte mir, wie man mit dem Lexikon umgeht.
Er sagte mir, daß Mädchen Monatsblutungen bekommen. Heulend kam ich nach Hause, als es dann soweit war. Es tat zwar nicht weh, aber ich schämte mich. Er erklärte mir, ich müsse jetzt stolz sein, denn jetzt sei ich eine Frau.
Mein Vater: Kindheit in einem kleinen katholischen Dorf. Jugend im Krieg unter Hitlers Fahne. Er hat uns vom Krieg erzählt, abends. Wie sie überlebt hätten, er und seine Freunde, durch alle möglichen Gaunereien.
«Aber ich war ja noch ein Kind. Mit siebzehn haben sie mich eingezogen, wie soll man da schon wissen, was sterben bedeuten soll. Sicher war ich deshalb damals so mutig. Du dagegen, bei dir ist das was anderes», er wandte sich an mich, «bei dir ist das tiefer, irgendwie echt, du bist immer schon so tapfer gewesen und das als Mädchen. Wo du das nur her hast.»
Wo er das nur her hatte, würde mich mehr interessieren.
Er auf jeden Fall kam mit neunzehn Jahren schwer verwundet von seinen Heldentaten zurück. Ein Jahr später hat er meine Mutter geheiratet: als junger Mann in einer Großstadt, verheiratet mit einer rasend eifersüchtigen Frau.
Von nun an betrieb er seinen «beruflichen Aufstieg». Wollte Beamter werden auf Lebenszeit. Man lebte in einer Siedlung für Straßenbahner, kleine Beamte und Flüchtlinge nach strengen Gesetzen: nicht zu bunt, nicht laut, pünktlich, unauffällig, sauber, sehr sauber und niemals anders, anders als die Andern.
Dann fand er «seinen Kriegskameraden» Hans wieder: süßlich, mit Holzbein, wenig Haare, trinkfest, ohne Familie.
Dieser «Kamerad» sprach von mir, der gerade Zwölfjährigen, als von der Traumfrau, von der die «Cowboys an den Lagerfeuern träumen». Das tat er oft. Vater, der das hörte: das waren von da an unruhige, wäßrige Augen, sturer Blick, Geruch von Alkohol; mit der fahrigen Hand strich er sich ständig durch die Haare. Er glaubte, tat, was dieser alte neue Freund ihm sagte.
Mit meiner Mutter wechselte er von nun an nie mehr einen

Blick. Mich aber begann er zu verfolgen, hielt mich wie im Käfig, den er jedoch immer seltener besuchte.
Ich floh in den Rock 'n' Roll.
So hausten wir in zwei Zimmern, Neubau, Dienstwohnung mit Küche und Bad. Mein Bruder, meine Mutter, mein Vater, meine Oma schliefen in einem Zimmer. Man nannte es Schlafzimmer. Ich in dem anderen, und wir nannten es Wohnzimmer.
Zusehends wurde das Geld knapper. Ich selbst entbehrte nichts, konnte es aber den Gesprächen entnehmen.
Mein Vater suchte sich ein zusätzliches Einkommen.
Tagsüber ging er ins Büro, abends zur «Schlaf- und Schnarchgesellschaft», wie er die Wach- und Schließgesellschaft nannte. Und so begründete er auch, daß er das alles körperlich spielend durchhalten würde. Nachts zwischen ein und zwei Uhr kam er nach Hause.
Nach so vielen Arbeitsstunden muß er völlig überdreht gewesen sein. Immer häufiger roch er stark nach Alkohol.
Beschwipst sein, galt bei ihm als lustig. Stets machte er sich über meine Mutter lustig, die keinen Schluck Alkolol trank. Sie rauchte auch nicht, er dafür um so mehr. Ohne Filter, denn Zigaretten mit Filter zu rauchen, so sagte er, sei wie «mit Gummi ficken».
Früher hatte er mir jeden Abend eine Geschichte vorgelesen und alle Fragen beantwortet, mir den Rücken gestreichelt, bis ich eingeschlafen war.
Seit er abends arbeitete, war das schlagartig zu Ende.
Ich hatte Sehnsucht. Wir belauerten uns jetzt wie zwei Raubtiere. Nachts, wenn ich im Dunkeln im Bett lag und er kam, fanden wir die alte Vertrautheit wieder. Leise, um die anderen nicht zu wecken, sprachen wir miteinander. Über was, habe ich vergessen.
Tagsüber und abends, solange es eben hell war, wenn andere dabei waren, waren wir feindselig zueinander.
Meine Mutter und ich begannen uns zu hassen. Mein Bruder war nicht mehr so klein und niedlich wie einst, mit meiner Oma kam niemand zurecht.
Ich war auf eigenes Drängen verspätet, also nach der fünften

Klasse, ins Gymnasium gekommen. Es lief nicht gut. Eine reine Mädchenschule. Ich war plötzlich zur Null deklassiert, kannte niemanden an diesem anderen Ende des Stadtteils.
Auch meine «Heldentaten» kannte hier keiner. Unter geschniegelten und gebügelten, mich peinlich berührenden kleinen Mädchen war ich gelandet.
Mein Ehrgeiz ließ mich zunächst durchhalten. Was heißt Ehrgeiz? Mein Vater setzte hundertprozentig auf mich. Es galt ihn nicht zu enttäuschen.
Und an diesem Nachmittag versuchte ich vergeblich, über das Bett kletternd an ihm vorbei zum Plattenspieler zu kommen. Ich hatte nicht daran gedacht, daß er sich ebenfalls bewegen würde, es eines Tages tun werde. Mitten in dieser Kletterei – auf halbem Fluchtweg – kam er auf mich zu, umfaßte mich von hinten, zog mir den Pulli hoch.
Hunderte von langen Nächten waren vorausgegangen. Nächte, in denen ich nicht einschlafen konnte, nicht durfte. Schlief ich ein, so mußte ich immer damit rechnen, daß er mich festhielt mit der einen Hand, mich mit der anderen unter der Decke anfaßte. Bewegen hätte ich mich nicht können, er war ja stärker. Zu schreien hätte ich mich nicht getraut, wem hätte ich hinterher «alles» erklären sollen.
Endlich erklären, warum ich immer neue Schlüssel für das Zimmer anfertigen ließ, erklären, daß er mir die Gaspistole, die er mir früher zu meiner Selbstverteidigung geschenkt hatte, mit zwölf Jahren mit der Begründung wieder abnahm, diese Waffe sei zu gefährlich; hatte doch die ganze Familie zugestimmt.
Erklären, was zwei Jahre Schlaflosigkeit sind.
Erst einige Tage zuvor war ich weinend in der Schule zusammengebrochen, konnte niemandem sagen, weshalb.
Das einzige, was mich am Leben erhielt, war die Anerkennung «meiner Bande» für einen selbstzerstörerischen Mut. Aber Mut hätte Angst vorausgesetzt; und was waren das schon für Kunststücke: ein paar Bürger zu erschrecken, Obstbäume abzuernten, über Mülltonnen zu springen, zehn Minuten auf den Bahngleisen rumzurennen, einen Zug so nahe herankommen zu lassen, daß sich die anderen fürchteten, Bandenmitgliedern

ins Gesicht zu schlagen, um sie gefügig zu machen; Opferstökke in der Kirche auszurauben, meine Freunde unglücklich zu machen, indem ich mehrere an einen Ort bestellte, selbst dann aber nicht erschien.

Meinen Mut verbrauchte ich in den Nächten, meine Angst auch.

Schon seit ich sechs Jahre alt war, hatte ich immer einen Freund zum Vorzeigen, zum Einsetzen im richtigen Augenblick. Genau wie mein Vater die Liebe zu meiner Mutter, so trug ich die Liebe zu meinem jeweiligen Freund zur Schau. Und vor Angst, es könnte einmal niemand zu meiner Verfügung stehen, hielt ich mir meist gleichzeitig mehrere solcher Exemplare. Nun gut, er gehörte zu seiner Frau, ich zu jeweils wechselnden Namen. Ganz bestimmten Kriterien mußten sie entsprechen. Männlich und mutig – was hieß: zu jeder Prügelei bereit – und hübsch mußten sie sein.

Sie mußten so stark und selbstbewußt sein wie er, mein Vater. Seltsam, ich habe ihn nie als «richtigen» Erwachsenen betrachtet und er mich wohl nicht als «richtiges» Kind.

So lange ich denken kann, hatte ich immer einen «festen Freund» und einige andere, die waren nicht so «fest». Es war kein Geheimnis zwischen uns, er interessierte sich immer dafür, wer und wie sie waren, suchte Gelegenheiten, sie kennenzulernen.

Später taute er nur noch mit viel Bier und Schnaps auf. Brachte Lehrlinge aus dem Betrieb mit, die bei jedem Prost bestätigen mußten, daß er der «Beste» und ich die «Schönste» sei.

Ich war gerade vierzehn Jahre alt geworden, als er meinen späteren Mann aufforderte, «doch endlich mit mir zu schlafen». Der antwortete ganz betroffen und hilflos, daß ich keine Lust hätte. «Sie muß ja schließlich mitmachen.» Ich glaube, sie wünschten sich gegenseitig zu erschlagen. Statt dessen beratschlagten sie gemeinsam, «wie man mich rumkriegen könnte».

Ich saß daneben und lächelte, weil ohne Macht, in meine erste Flasche Bier.

Fünfzehn und Lehrling war ich, als ein Kollege von mir mit rotem Mercedes bei uns vorfuhr, meinen Vater fragte, ob er

mich für den Abend einladen dürfe.
Die Siedlung stand Kopf, wegen dem Auto. Ich ließ dem Typ ausrichten, wenn er etwas von mir wolle, könne er in die «Südgarage», eine Halbstarken-Kneipe, kommen, dort sei ich. Mein Vater beschimpfte mich, ich hätte diesen anständigen jungen Mann in eine unangenehme Situation gebracht. An solche Leute mit Geld und Höflichkeit solle ich mich halten, statt mit diesen Nichtsnutzen herumzuziehen.
Neunzehn Jahre alt war ich und verheiratet, als ich anfing zu schreien und zu beißen, wenn mein Mann mich, während ich schlief, auch nur berührte.
In meinem Kopf geht's quer. Wenn ich mich an den Mann, der Vater hieß, erinnern soll, so kann ich es nicht, ohne dabei an Rainer zu denken, mit dem ich zehn Jahre zusammengelebt habe. Und weiß nur noch aus dieser Zeit: er sagte zu unserer Tochter: «Mädchen dürfen nicht Scheiße sagen.»
Jan schrie meine Tochter an, wenn sie ihren «Teller nicht leer essen» wollte.
Martin fällt mir wieder ein, dem ich ein paar Jahre weniger die Gelegenheit gegeben habe, mich betrunken und mit wäßrigen Augen anzustarren, mir dann Liebeserklärungen zu machen, und der nüchtern mir nicht bei der Hausarbeit helfen wollte.
Die Zuverlässigkeit und Zärtlichkeit von Bertram entnervten mich – so daß ich ihm nicht mehr in die Augen schauen konnte. Die Nächte verbrachte ich außerhalb unserer gemeinsamen Wohnung, auf Parties, in Kneipen, bei Bekannten – bis er endlich auszog. Vorher hatte er mich zur Rede stellen wollen, war in mein Zimmer eingedrungen. Ich zerschlug meine Gitarre auf seinem Kopf.
Uwe, mein bester Freund, hat mir geholfen, unsere Katze zu beerdigen. Mein «Liebhaber» gab vor, daß er sich vor toten Tieren ekele.
Jan ist der ordentlichste und pünktlichste Mensch, den die Welt je gesehen hat. Und der schönste Mann, den ich kenne. Einmal – er klebte eine Briefmarke mit größter Genauigkeit ganz gerade auf einen Brief – war ich kurz davor, ihn hinterhältig zu erschlagen.
Manfred glaubt an meine Zukunft. Und das schon zehn lange

Jahre. «Das Energiebündel mit der unbegrenzten Phantasie», so nennt er mich. Er macht mir Angst damit.
Lars hat sich viele Nächte Zeit genommen, mir die Welt zu erklären, die ich trotzdem nicht verstehe.
An Martin hat mich nur eines fasziniert: er hatte Angst vor mir. Ich war die Droge, die er nicht missen konnte. Betrunken versuchte er es immer mit Gewalt. «Warum soll ich dich denn nicht anfassen, du liebst mich doch, du willst doch auch.» Ich habe ihn gehaßt.
Jan mochte mich nur in den Momenten, wo ich unglücklich und hilflos war. Das hat ihn angeturnt.
Martin, der sich durch intellektuelle Feigheit auszeichnet, hat mir meine Unvorsichtigkeit immer als Mut auslegen wollen.
Alle hatten sie eines gemeinsam: sie gehörten zu einer anderen Frau. Und ich dachte, «das wollen wir doch mal sehen, ob sich das nicht ändern läßt.»
Die Fragen stets die gleichen: Wer verschachert hier wen? Wer besitzt wen? Gehör ich da eigentlich hin, wo ich hingehöre?
Bis heute kann ich an der ganzen Geschichte am wenigsten verstehen, wo er in dieser kleinen Wohnung sich wohl versteckt haben mag.
Ich hatte laut geschrien.
Meine Mutter stürzte herein: «Du brauchst mir nichts erzählen. Ich weiß alles.»
Die anderen drängten zum Aufbruch. Nur der dickste Kaffeebesucher, mein Onkel – ihm hat es, glaube ich, eher Spaß gemacht. Er schaute mich an, als wolle er das gleich auch mal probieren. In den Augen seiner Frau konnte ich aufrichtiges Mitleid finden. Nach fünfzehn Jahren Ehe mit ihm wußte sie, was Vergewaltigung ist. Meine Mutter konnte mich nicht ansehen.
Damals wollte ich zum erstenmal in meinem Leben für immer weglaufen. Endgültig. Zuvor, das waren Proben, kleine Befreiungsversuche. Unbestimmbares Unbehagen, meist in der Brust. Enge. Angst. Gefahr. Einsamkeit.
Zum erstenmal hatte ich die Wohnung mit ihren Bewohnern als Gefängnis empfunden. Immer ist es für mich dabei geblieben. Freiheit heißt für mich, die Wohnung öfter zu wechseln.

Ich befreie mich von der einen Wohnung und ihren Bewohnern, lande in der nächsten mit den nächsten Bewohnern.
Damals flüchtete ich in das Zimmer meiner Oma. Stand stundenlang vorm Spiegel. Betrachtete mich, kämmte mein Haar. An ihre Mahnungen und an die der anderen Oma dachte ich: ich solle nicht so unkeusch sein; niemals mit zu wenig Kleidung vor Männern herumlaufen. Vierzig, fünfzig Jahre Erfahrung mit Männern bleiben einer Frau halt «nicht in den Kleidern stecken». Ihre Lektionen haben sie gelernt, nehmen sie mit ins Grab.
Und ich dachte an Maria Goretti, die sie mir einst zur Schutzheiligen gegeben hatten. Daran, daß sie gestorben war, weil sie «rein» bleiben wollte. Nun war ich «unrein» durch ihn, und hatte verloren – ihn.
Obwohl – ich habe ja noch einen Vater. Einen «richtigen» sogar. Am Tage meines fünfzehnten Geburtstages hatte er sich mir zu erkennen gegeben. Erfuhr ich, daß «er» es gar nicht gewesen war, in all den Jahren. Ein Brief an mich: «Ich wollte mich nicht früher melden. Wollte Dein Leben nicht durcheinanderbringen. Jetzt bist du alt genug. Wirst heute fünfzehn Jahre. Und ich bin in einem Sanatorium. Da weiß man nicht, was kommt . . .»
Einiges ist noch gekommen.
Monate später kam ein Junge aus der Siedlung mit dem Moped angebraust. Er solle mich abholen, zu meinem Vater bringen. Von einem irren Honorar für diesen Dienst faselte er, deshalb müsse ich mitkommen. Erst nein, dann ja.
Er war Kneipenwirt in Sachsenhausen damals. Etwas vergammelt sah er ja aus. Ob ich ein Hähnchen essen wolle, fragte er. Der erste Satz, den er an mich richtete.
Später kam ein Wahrsager in die Kneipe: ich sei großzügig, hätte ein gutes Herz und würde noch oft betrogen und enttäuscht werden. «Mein Vater» warf ihn raus, wollte ihn für eine solche Zukunft nicht bezahlen.
Höllisch stolz war ich auf ihn. Fühlte mich endlich irgendwo zugehörig. Manchmal zog er sich vernünftig an, lud mich zum Essen ein, ging mit mir tanzen. Manchmal treffen wir uns. Sind stolz aufeinander. Verwandt. Umringt bin ich dann. Be-

gehrteste Tänzerin für «seine Männer». Sie wohnen alle bei ihm. Untergebracht in mehreren Häusern. Männerwohnheime. Sie lieben ihn und mich. Sind immer höflich. Über die Maßen lustig, empfindsam. Haben eine Spontaneität, die nicht nur aus den Flaschen kommt. Sekt und Büfetts rollen an. Wenn die Blumenfrau kommt, kaufen sie ihr alle Blumen ab. Und wollen mit ihr tanzen.

Viel ist es nicht, was uns verbindet. Er, der Besitzer der Wohnheime, wohnt unter den Heimbewohnern. Liebt sie, die sich jeden Morgen neu betrinken und vom Kummer mit ihrer letzten Frau erzählen.

Ich komme meistens alleine. Nicht weil die «intelellen» Begleiter oder Freunde von mir keinen Spaß an dieser Szene hätten. Sie finden sie schon sehr exotisch, diese Welt. So viel Wirklichkeit, daß sie sie für unwirklich halten können. Ohne meine Begleitung kämen sie dort weder lebend rein noch raus.

Aber ich gehe allein. Denn sie verstehen nichts. Nichts von ihm, noch von ihnen – für ihre Ohren lallen sie ja nur –, noch von mir.

Der Andere, der Unechte sozusagen, zog dann irgendwann aus. Er hatte einen «Bruch» gemacht, soff plötzlich wie ein Loch, wurde entlassen und so weiter.

Alles meine Schuld, sagte man mir nach. Meine Mutter und mein Bruder bekamen die Heuleritis.

Vernünftig erzogen, wie ich von dem Unechten war, ging ich vernünftigeren Beschäftigungen nach. Zog mit den «Halbstarken» klauend und tanzend durch die Stadt. Bewunderte «Auto-Wally», die besser als alle Typen Autos knacken konnte. Und die nachts, wenn sie besoffen war, stundenlang im Arm von irgendeinem Jungen heulte. Das Heulen konnte sich allerdings nur sie erlauben. Weil sie so gut knacken konnte. Wir andern «hatten nix zu heulen».

Inmitten dieser wirren Verhältnisse strebte ich zielsicher auf eine Ehe zu. Wußte nur, daß ich weg wollte, nicht, wohin ich kommen würde.

Es ist nicht viel geblieben und doch alles: die Lesewut, die Hoffnung, daß ich eines Tages so werde, wie er es sich gewünscht haben mag. Die Einsicht, daß er inzwischen wohl älter

als fünfzig Jahre sein muß. Vielleicht dick, dumm, wer weiß was?
Panik – vor allem, sobald ich einmal zur Ruhe komme. Das ist im Urlaub, oft nachts; er wird kommen, mich umbringen, zerstören, endgültig, schnell, befreien.
Keinen Mann mag ich um mich, der ist wie er, keinen, der anders ist. Niemanden, der heute er sein könnte und überhaupt niemanden, der nicht wie er werden könnte.
So suche ich immer neu. Nach einem Bruder manchmal, einem Cousin, einem Sohn.

Macht unsre Bücher billiger! …

Hanna-Renate Laurien
Mein Vater, Jahrgang 01

Mein Vater, 1,80 m groß, zur Fülle neigend, Jahrgang 01, Sohn eines ostpreußischen Lok-Führers, der schon mit Mitte Dreißig, schweren Rheumas wegen, pensioniert war, ist ein Beispiel für die Schichtendurchlässigkeit früherer Zeiten. Liebevoll-spöttisch bemerkten wir schon mal: «Laurien, ein ganz feiner Mann wird aus dir doch nicht.» Ob ich deshalb so gern bei «Leuten» bin und mit «Leuten» rede?
Er, mit 23 Jahren promovierter Chemiker, mit 24 Jahren nach drei Jahren Verlobungszeit Ehemann, hatte im Gymnasium Insterburg eine Freistelle, war im Studium Werkstudent, und mit Wonne hörten wir Kinder zu, wenn er aus seiner Schulzeit über die Lehrer – das waren noch Originale! – berichtete, wenn er erzählte, wie in der Studentenbude in Königsberg im Winter das Wasser in der Waschschüssel gefroren war oder gar, wie er als Student einmal Schulden gemacht hatte. Ich glaube, das war durch Spielleidenschaft entstanden, und er beschrieb, wie der weise Vater eines Freundes, der seinen Sohn (und eben dessen Freund) bei der Heimkehr aus dem Semester immer vom Bahnhof abholte, Hilfe und Korrektur bot: er vermittelte dem jungen Laurien die Stelle in der Zuckerfabrik – und die Schulden wurden bezahlt. Das erzählte er uns im Grundschulalter. Gefährdung des Vaterbildes? Nein, Beispiel, wie man als Mensch Fehler macht und überwindet. Mein Ja zur Autorität, die menschliche Schwäche ein-, nicht ausschließt, gründet sicher bei ihm. Mit Wonne hörten wir auch, wie er die erste Begegnung mit unserer Mutter schilderte: im Haus der Burschenschaft. Der arme Laurien hungrig, Kuchenberge vertilgend, und das kecke, wohlhabende, kluge Fräulein F., das damals, obwohl «nicht nötig habend», Lehrerin wurde, mokierte sich: «Na, Herr Laurien, Ihnen schmeckt's wohl?!» Da schlug es ein – und noch mehr, als er sie auf einem Ball sah, schön und

klug. «Da beschloß ich, sie wird meine Frau!» – «Meine frühe Heirat – das Glück meines Lebens.» – Kinder, die so etwas hören, sind gut dran! Frühe Begründung der CDU-Familienpolitik?

Dabei – ein schwungvoller Rhetoriker war er nicht. Immer ein guter Fachmann. Reden, das konnte Mutter in sprachlicher Kraft. Erinnerung in den dreißiger Jahren in der Lausitz: nachts Vater am Schreibtisch, einen Fachartikel (Gas) schreibend, auf dem Sofa davor die Mutter, die Seiten «auf Stil» überlesend, vor ihm, vor ihr – eine Tasse Kaffee. Heile Welt? Menschliche Welt voll Liebe und mit ungebrochener Beziehung zur Arbeit. Natürlich auch mit Krach – zum Beispiel bei der Abrechnung des Wirtschaftsgeldes. Genau war der Vater immer, auch das Salz wurde abgerechnet. Unvorstellbar, auf ein Brötchen sowohl Butter wie Marmelade zu tun, aber Reisen gab es, Kunst, Bücher. Als Vater 1938 ein fachliches Preisausschreiben (Gasbeleuchtung!) gewann, wurde das Geld für eine mehrwöchige Italienreise – Gardasee mit Malcesine, Verona, Venedig, Florenz – verwendet. Knackfußmonographien, Kunstbücher, habe ich vorbereitend leidenschaftlich gelesen, zum Teil sogar verstanden. Heute weiß ich, wie sehr die Eltern überlegt haben, ob es sinnvoll sei, die beiden Gören mitzunehmen. Ich, die Ältere, war zehn Jahre alt. Die «Kleine» blieb zwar manchmal voll Vergnügen beim Kellner oder der Museums-Garderobenfrau, aber oft erklärte Mutter uns – dem Vater und den Töchtern – Bilder, Kirchen, Leute, Leben. Für mich eine der prägenden Erfahrungen.

Salzabrechnung – Italienreise! Meine privat leichte Hand im Geldausgeben ist entweder eine Gegenreaktion auf Vaters Sparsamkeit oder Durchbruch seiner dahinterliegenden Großzügigkeit. Meine penible Genauigkeit im Umgang mit Steuergeldern ist Nachfolge, und die Selbstverständlichkeit, mit der ich vor der Entscheidung «Buch oder Kleid» jahrelang das Buch wählte und das Kleid oft selbst nähte, ist auch Nachfolge. Und wenn es ums Wirtschaftsgeld gekracht hatte, ich durfte schon mal in Vaters Vorzimmer (Direktor der Städtischen Werke) dringen und sagen: «Ruf doch die Mami an, sie ist ganz traurig», und er tat es.

Frühe politische Prägung? Ein offizieller Zeitungsaushang mit dem «Stürmer» – daß der nicht taugte, wußten wir Kinder. Und da lese ich als Überschrift: «Fleißiger Dr. Laurien herrscht in Spremberg» – und ein gnadenloser Verriß. Zur Politik war zwar die Mutter deutlicher als der Vater, aber beide sagten uns oft die Wahrheit, auch als Pfarrer E. verhaftet wurde, auch als «Hoffi», früher Lagerverwalter im Gaswerk, aus Polen kam und unserer Mutter im Elternschlafzimmer von Judenerschießungen, die er zu vollziehen gehabt hatte, aus den inneren Angeln gehoben, berichtete. Sie sagte: «Er hat töten müssen, nun kann er nicht mehr leben.» Er ist – wohl im Suchen der Gefahr – bald danach gefallen.
Vater voll Pflichtgefühl, voll Zornes- und Liebeswallung, Vater und Spielkumpan, auf der Schaukel unser «Brüderchen», vor allem für meine jüngere Schwester Turngefährte. Bemüht, gerecht zu sein: hätte ich je in Deutsch eine «drei» gebracht, die Welt wäre eingestürzt, bei einer «zwei» wackelte sie schon, aber in Sport tolerierte er der «Buch-Tochter» die «vier», schließlich auch einmal die «fünf». Streng war er, sein Weg ist sicher der Weg von der Strenge zum Abwägen, zum Verstehen gewesen. Als wir Kinder waren, hatten sogar unsere ersten Jungen vor ihm Bammel. Und wenn er vom Dienst kam, unser Zimmer betrat, legte ich sofort das Schmökerbuch weg und griff zum Arbeitsbuch.
Eine Episode – später in der Familie oft ausgewertet: Als Jüngste der Klasse («gesprungen») durfte ich doch 1941/42 an der Tanzstunde teilnehmen. Abschlußball (genannt Abschlußprüfung), Vater (eingezogen) gab mit Feldpost Weisung: um Mitternacht muß sie zu Hause sein. Mit Freund und selbstverständlich mit Mutter traf ich gegen ein Uhr vom Bergschlößchen zu Hause ein, wo – unerwartet – der mit plötzlichem kurzem Heimaturlaub versehene Vater tobend über die Dielen schritt. Zur Strafe für die (doch mit Mutter vollzogene!) Verspätung durfte ich als einzige am nächsten Morgen nicht zum Katerfrühstück der Klasse gehen. Sicher falsche Pädagogik, aber – ich bin bis heute aus Überzeugung möglichst pünktlich. Also doch prägende Kraft? Letztlich hat es beide geläutert, Vater und Tochter.

Und als ich so vor zwei Jahren in einer Zeitung las, daß Frauen, die heute sogenannte «führende Stellungen» innehaben, sich meist «gegen autoritäre Väter» hätten durchsetzen müssen, fand ich das «gegen» schief. Als ich Vater bei einem Besuch dies zur Kenntnis brachte, schmunzelte er mich altersweise an: «Ja, wir beiden Widder!»

Die Fröhlichkeit blitzt bei ihm gern durch. Als wir, schon in Westdeutschland, erste Einkäufe tätigen konnten, ein Nachthemd für die Mutter erstanden und die Verkäuferin mich für die Frau oder Freundin des Käufers hielt, ich korrigierte, da kommentierte er: «Junge Väter können früh mit Töchtern prunken.» Und wie ärgerte sich in jungen Jahren unsere Mami, wenn er im Kreis von Gästen sagte: «Na ja, wir haben es gerade so geschafft. Am 13. April Hochzeit, am 15. April meine Älteste geboren.» – «Aber Helmut, da liegen doch drei Jahre dazwischen, und vor der Tochter ist doch unser Sohn, der schnell verstarb, geboren!» Frühe Enttabuisierung? Nein, Freude am «Verpflaumen».

Es gab nicht nur Fröhlichkeit. Prägend für ihn das Grauen des Krieges, Bomben, Gefangenschaft, der Tod der eigenen Mutter, das furchtbare Ende der geliebten Schwiegereltern in Ostpreußen. Kennzeichnend, so meine ich, daß die – auch von mir besonders geliebte – Großmutter mütterlicherseits, von der man Jahrzehnte vorher sagte: wer sie gewinnt, bekommt die Tochter!, als sie in Greuel, Qual, Hunger des Russeneinmarsches den Verstand verlor, immer meinte, mit diesem Schwiegersohn, meinem Vater, zu telefonieren. Auf ihn verläßt man sich, sogar bis heute. Zuverlässigkeit, nicht Fehlerlosigkeit, halte ich für eine der wichtigsten menschlichen Eigenschaften. Treue dazu.

Als er, auf einer Fahrt von Russen verhaftet, aus dem Gefängnis wiederkam (1945), immer noch groß, aber unbeschreiblich dünn, hat er jede mögliche Arbeit getan. Monatelang in Berlin auch Lippenstifte verkauft. Oder als ich neben dem Kurs fürs Heimkehrer-Abitur (der Reifevermerk von 1944 zählte nicht voll), ohne ihn zu fragen, eine Stelle als Platzanweiserin in den «Rex-Lichtspielen» Berlin-Lichterfelde-West übernahm, bald zur Kontrolleurin «avancierte» und meine Schwester die Platz-

anweiserinnen-Stelle erhielt – inzwischen war unser Stadtteil nicht mehr russisch, sondern amerikanisch besetzt – holte er jede Nacht die Tochter, dann die Töchter nach dem Schluß der Abendvorstellung, so gegen 23.00 Uhr ab. Jeder Anbiederungsversuch – oder mehr – der US-Soldaten, die gut zwei Drittel des Kinos füllten, konnte von mir gekontert werden: «My Daddy takes me home.» Und es passierte, nachdem ich – damals Raucherin – Zigarettengeschenke der «Amis» stets mit Standfestigkeit abgelehnt hatte, daß einer mit einer ganzen Stange Camel kam und sagte: «That's for your Daddy!» Die nahm ich – und Vater trug sie in das Zimmer, in dem wir zu vier Personen hausten.
Bei meiner Einsegnung 1942 – er hatte Urlaub bekommen –, gab er mir ein Wort auf den Lebensweg mit: «Was hülfe es dem Menschen, wenn er die ganze Welt gewönne und nähme doch Schaden an seiner Seele.» Als ich 1971 Staatssekretärin bei Kultusminister Dr. Bernhard Vogel wurde und Vater, die Mutter übrigens noch mehr, die innere Gefährdung durch Politik als Beruf zu bedenken gab (Mutter: Mein Kind, du hattest doch einmal einen anständigen Beruf!), hab ich ihn an sein Leitwort erinnert, das in jedem Stand gilt.
War er fromm, ist er es? Viel gesprochen haben wir darüber nicht. Gebetet wurde mit den Kindern zur Nacht, auch – bis die Kinder nicht mehr wollten – bei Tisch. Eine besondere Kirchlichkeit gab es nicht, aber auch kein Infragestellen. Er war, wie die Mutter, in der Jugend «Helfer» im Kindergottesdienst gewesen. Ich fing nach der Einsegnung oder seit dem Konfirmandenunterricht an, fast jeden Sonntag früh vor dem Familienfrühstück zur Kirche zu gehen. Das wurde nie kommentiert, aber auch nie reglementiert, einfach gebilligt. Im Reichsarbeitsdienst und Kriegshilfsdienst hatte ich mein kleines Neues Testament mit im Spind verborgen, las oft vor dem Wecken darin. Ihm und der Mutter hätte ich das nie erzählt, aber den ersten «großen Lieben», denen schrieb ich seitenlang dazu, das war oft genug Inhalt der Gespräche mit dem «Mann des Herzens». Und als es ruchbar wurde, daß ich nach der Studienbegegnung mit Thomas von Aquin, Teresa von Avila, Mittelalter, nach Kollegs von Nicolai Hartmann, Meinecke, Josef Pie-

per, in dem – schwierigen – Bemühen, nach vier, fünf Jahren den Absprung aus der Verlobung mit dem doch nicht «richtigen» Mann zu finden, katholisch werden wollte, schickte Vater mir einmal einen evangelischen Pfarrer zu, der mich überzeugen sollte. Vater hat sich in diesem Bereich bestimmt über seine beiden Töchter gewundert. Die Jüngere studierte evangelische Theologie, ist heute ordinierte Pfarrerin, Ehefrau eines evangelischen Pfarrers; die Ältere, ich, konvertierte 1952. Heimlich. Als er es dann erfuhr, verstand er es nicht, aber nie gab es die geringste Behinderung für meinen sonntäglichen Gang zur Messe – ich wohnte wieder für einige Jahre bei den Eltern; Referendare bekamen damals nichts bezahlt, Assessoren sehr wenig, aber doch soviel, daß ich – der genaue und nüchterne Vater! – etwas an Miete an die Eltern zahlte. Seit Jahrzehnten leben wir an verschiedenen Orten, aber immer verbringen wir zum Beispiel Weihnachten zusammen. Da ist es längst ganz selbstverständlich, daß die Zeiten des Kirchgangs miteinander abgestimmt werden. Gelebte Ökumene gilt bei uns, und die Schwestern (katholisch und evangelisch) lieben sich sehr. Wie ‹kirchlich› Vater sich versteht, weiß ich nicht. Ich habe den Eindruck, daß die Kirche, wenn es nach der Mutter ginge, sonntags öfter besucht würde, aber ich bin sicher: er glaubt an den dreieinigen Gott, er hält sehr viel vom Gewissen, und er kann auch verzeihen. Nachtragend war er übrigens nie. Schon die Kinder wußten: Mutter grollte länger, Vater gröber, lauter, aber das Gewitter hinterläßt reine Luft.
Arbeiten ja, Taktieren nein, das war im Beruf sicher seine Linie. 1950 kam er ins Bundeswirtschaftsministerium, zuständig für Gas und Wasser, und unter Ludwig Erhard konnte er freie Marktwirtschaft gestalten, Preisbindungen durch Wettbewerb ersetzen. «Gaspapst» nennen ihn manche noch heute. Noch im «Ruhestand» Gutachter, Berater in Energie- und Erdgasfragen, war er stets ganz mit seinem beruflichen Tun identifiziert. Schmunzelnd hab ich schon mal gesagt, wenn er nur davon sprach: «Laurien, es riecht nach Gas!» Er erzählte der Mutter alle Einzelheiten des Dienstes: Probleme, Verhandlungen, Entwicklungen, Schwierigkeiten. Ich – wahrhaftig mehr schwätzend als der Vater – rede im familiären, im priva-

ten Kreis so gut wie nie über den Dienst, höchstens einmal über Probleme und Aufgaben.
Mutters Interesse ließ er Raum. Sie, die musikverbundene, sie, die gute Pianistin, erfüllte unser Leben mit Musik. Die Kinder schliefen oben ein, während unten im Musikzimmer Reger oder Bach erklang. Und nach dem Krieg – wir hatten alles verloren – wurde so bald wie möglich ein Klavier, ein Ibach, gekauft, und bei uns klang es wieder, inzwischen in Godesberg. Ich weiß es nicht genau, aber ich glaube: Vater hat Mutters Interessen Raum gegeben, aber ihr zugehört, sich von ihr zu Hause vorspielen lassen hat er selten. Er selbst hat als junger Mann Geige gespielt, Stehgeiger hatte er sogar eine Zeitlang werden wollen. Das ruhte seit Jahrzehnten. Konzerte aber wurden stets besucht. Aus der Lausitz fuhr man nach Berlin, zum Beispiel zur Generalprobe der Berliner Philharmoniker, im Nachkriegs-Berlin hörte man Celibidache, und noch heute fährt das alte Paar zu den Rundfunkkonzerten nach Köln, besucht die Salzburger Festspiele, hört Richter in München. Die Mutter bereitete sich immer genau vor, las Text und Partitur und Kritiken. Er, stolz auf sie, erntete die Ergebnisse, so wie bei den Reisen die Informationen zur Kunst, zur Geschichte. Erst im Ruhestand hat auch er Zeit für vorbereitende Vertiefung.
Er und meine Schwester nannten sich oft gern «die Pimitiven» und Mutter und mich «die Gebüldeten», aber im Grunde überschnitt sich immer alles. Er schmetterte die Schlager der zwanziger Jahre, ich sang Louis Armstrongs «I see you still, on blueberry-hill», Mutter hielt wenig von Schlagern, und meine Schwester erklärte, sie könne nicht singen. Freude am Geistigen verbindet uns alle. Einmal, in einem leichten Schwips, erklärte er mir – ich war schon Studienassessorin – «Siehst du, dich schätze und bewundere ich, aber die Kleine lieb ich», und dann hat er hundertfach belegt und gelebt – bis heute –, daß er beide liebt und schätzt. Was den Wein angeht, hatte er Zukunftshorizonte! Vom vierzehnten Lebensjahr an durften die Töchter gelegentlich mittrinken, durften ihre Standfestigkeit zu Hause erproben, und – Rückgabe des goldenen Balls – so wie er uns seinerzeit in die Gewohnheiten der Weinkultur einführ-

te, ist er heute beglückter Empfänger des Weines aus «meinem» Land Rheinland-Pfalz. Er ist in seinem Häuschen immer der Mundschenk, und das mit 78 Jahren, so wie die Mutter uneingeschränkte Herrin der Küche, der feinen Küche ist. Wenn ich, leider höchstens alle sechs bis zehn Wochen einmal, bei den Eltern hereinschaue, hat er schon ein Weinsortiment zur Auswahl kühl gelagert. Und als ich kürzlich der Mutter 40 oder 50 Flaschen schenkte, über die sie verfügen sollte, erklärte sie ihn sogleich zum Verwalter und Öffner der Flaschen – und das im 53. Ehejahr! Der tätige Vater! Auch daß er sich noch im Alter entschloß, ein Häuschen zu bauen, ist typisch für ihn. Totaler Verlust aller Dinge durch Flucht und Krieg. Im Wiederaufbau das Studium beider Töchter, dann eben Reisen, Konzerte, darum Mietwohnung, nicht Haus. Als die Straße aber immer lauter, Mutter durch die schlechte Heizanlage immer strapazierter wurde, zählte er die «Gröschelchen», die Kreditmöglichkeiten, Bausparverträge – und das Häuschen entstand. Freude für die Ruheständler! Er hat alles so schnell abgezahlt, daß er manchen «Steuer-Reibach» ausließ – aber für ihn (und mich . . .) ist schuldenfrei ganz wichtig. Und wie oft hat er festgestellt, daß das alles nicht gegangen wäre, wenn seine Frau nicht so gut wirtschaften könnte. Wer ihn kennt, weiß: er ist ein Mensch mit seinem Widerspruch. Er verschenkt gern verschwenderisch. Kleiderkauf mit ihm: wenn er es schenkt, redet er zum teuren Kleid zu. Dennoch: er ist sparsam. Er hatte stets Autorität, vielleicht war er sogar autoritär, aber er macht auch gern «Unsinn», Grunzspiele mit den Kindern, Grimassenschneiden. Er war stets unbestritten – wie wir es nannten – «der Bestimmer», und liebte und liebt seine geistig geprägte, oft sehr selbständige Frau. Manchmal kleine Sticheleien, wer über wen herrscht . . .
Er hat den Kindern oft gesagt: «Wenn euch jemand fragt, müßt ihr immer sagen, ihr habt alle guten Eigenschaften von der Mutter.» Und zu mir: «Die schlechte Figur hast du von mir.» Nun, ich hab ihn in übergroßer Arbeits- und Wahlkampfbelastung 1976 einmal angerufen: «Laurienchen, besten Dank für die gute Erbmasse, die gesunde Natur!» Da hat er sich sehr gefreut.

Auch wenn er manchmal bemerkt hat, die Mutter sei mir ja näher – und das stimmt in manchen Bereichen – so ist er mir bis heute nah. Ein Mensch, dem man vertrauen, auf den man auch bauen kann, wenn man selbst Fehler gemacht hat, ein Mensch, der Jähzorn zu Gelassenheit geläutert hat, der Tatkraft und Gefühl nicht für Gegensätze hält, der die gebildete, selbständige Frau schon geliebt und gefördert hat, bevor es Mode wurde, von ihr zu sprechen. Vaterlose Gesellschaft? Meine Erfahrung widerlegt sie.

Ilona Lörincz
Stecknadeln in der Seele oder:
Do-it-yourself-Analyse zum Nulltarif

Mein Vater behauptete immer, seine unverwüstliche Lebensfreude verdanke er seiner Mutter, die ihn als Baby oft in seinem Korb in den Garten stellte und farbige Papierstreifen an einem Baum befestigte, die dann im Wind hin und her flatterten. Das war seine Unterhaltung, während meine Großmutter arbeitete.

Als er größer wurde, durfte er im Sommer nach Südungarn zu seinen Großeltern auf den Bauernhof fahren. Er hat uns Kindern in der Nachkriegszeit oft von der vollen Vorratskammer neben der Küche erzählt, in der Säcke mit Getreide, Mehl und Kartoffeln standen und die geräucherten Würste und Schinken von der Decke hingen, Brot und eingemachtes Obst und Gemüse sich in den Regalen stapelten. Für ihn war das ein Schlaraffenland, er probierte alles so lange, bis ihm übel wurde. Am stärksten scheint ihn jedoch beeindruckt zu haben, daß seine Großmutter die Böden des Hauses statt mit Wasser mit Wein putzte. Wurde gebaut oder die Hausfassade gekalkt, so benutzte man Wein. Er war billiger als Wasser. Sein Verhältnis zu Wein sollte sein Leben lang inniger bleiben als zu Wasser. Abends rauchte der Großvater vor dem Haus eine lange Pfeife und erzählte meinem Vater selbsterdachte Geschichten. Wenn es dunkel wurde, nahm er den Knirps und warf ihn zum Schlafen hoch in die Scheune mit Stroh.

Über seine Schulzeit schwieg sich mein Vater aus, nur wenn ich schlechte Zeugnisse nach Hause brachte, brummte er nicht besonders überzeugend, er selbst sei ein guter Schüler gewesen. Gleichzeitig meinte er beschwichtigend: «Wenn du später die biblischen Arbeiten so gut beherrschst wie meine Großmutter und Mutter, also hervorragend kochst und nähst, und dein Herz und die Seele in Ordnung sind, kann dir nichts passieren.»

Zwischen uns beiden entwickelte sich so stillschweigend ein Abkommen: wenn ich ein schlechtes Zeugnis hatte, kochte ich dafür zum Ausgleich ein ausgeklügeltes Menü, und mein Vater besorgte dazu einen «guten Tropfen». So ertrugen wir ergeben und mit Würde solche regelmäßigen Schicksalsschläge. Meine Mutter war stets darüber verzweifelt, als fortschrittliche Frau wollte sie ihre Tochter zu einem eigenständigen und unabhängigen Menschen erziehen. Sie hielt mir deshalb vor jedem dieser «Schicksalsmahle» eine Predigt, in der es hieß: ich solle lieber mehr lernen und weniger biblische Arbeiten verrichten und auch weniger essen, das fördere nämlich die Vielseitigkeit des Wissens und erhalte die schlanke Linie.

Mein Vater und ich waren stärker, ich wurde dick und blieb ein bißchen dumm und fröhlich.

Als mein Vater seine Schulzeit beendet hatte, war meine Großmutter Witwe und hatte vier Kinder. So mußte er schnell einen Beruf erlernen, um die Familie unterstützen zu können. Er wurde Kaufmann. Die Lehre absolvierte er im vornehmsten Herrenausstattungsgeschäft Budapests. Nach der Lehre wurde er Lagerverwalter. Die Arbeit behagte ihm nicht. Er vertrieb sich die Zeit lieber damit, von hübschen Mädchen Porträts zu zeichnen und spezialisierte sich darauf, für Freunde, die nicht so schreibgewandt waren wie er, ergreifende Liebesbriefe zu Papier zu bringen. Alle waren damit zufrieden, nur der Inhaber des Geschäftes nicht.

Mein Vater wurde an die Luft gesetzt. Damit war die Karriere als Kaufmann vorzeitig beendet. Er beschloß nun, Architekt zu werden, und besuchte die Kunstschule in Budapest. Aber auch dieses Vorhaben sollte schnell scheitern. Er bekam einen Gestellungsbefehl, irgendwo in Ungarn seinen Militärdienst abzuleisten. Dazu hatte er nun gar keine Lust und so fuhr er einfach nicht hin. Eines Tages kam die Polizei und drohte, wenn er nicht binnen 24 Stunden am Bestimmungsort seiner Kompanie sei, komme er ins Gefängnis. Verschreckt packte meine Großmutter ein Proviantpaket. Am Bahnhof wurde er in einen Viehwagen verfrachtet, der zufällig zu seinem Standort fuhr.

Pünktlich, doch mit einigen Wochen Verspätung, erschien der

junge Herr aus Budapest auf dem Kasernenhof, entdeckte dort einen großen Baum mit einer Bank und setzte sich erst mal hin, verzehrte seelenruhig seine Brote und beobachtete das Leben auf dem Kasernenhof, bis ihn ein Soldat fragte, was er hier zu suchen habe. Er erwiderte, eigentlich gar nichts, denn er habe keine Zeit, hier rumzusitzen, für ihn sei es wichtiger zu studieren. Aber die Polizei habe ihn hierher beordert, damit er seinen Wehrdienst ableiste. Der Soldat meinte, er sei zu spät gekommen, die Grundausbildung sei abgeschlossen. Mein Vater sagte, er könne gut zeichnen, vielleicht hätten sie eine Verwendungsmöglichkeit dafür. Wunderbar, erwiderte der Soldat, er brauche jemanden, der ihm helfe, Schießkarten zu zeichnen, außerdem würden in seinem Büro Urlaubsscheine ausgestellt. Diese Aufgaben reizten meinen Vater, er bekam eine Uniform, und schon bald zeichneten er und sein neuer Freund, Herr Kariert, gemeinsam Schießkarten, stellten sich gegenseitig je nach Bedarf und den Kameraden nach Vorschrift Urlaubsscheine aus. Da mein Vater gern aß und obendrein von seiner Mutter gelernt hatte, deftige Gerichte zu kochen, machte er bald Karriere als Freizeitkoch im Offizierskasino.
Dies sollte der Start für eine nach oben führende Militärlaufbahn sein. Eines Tages wurde anläßlich eines Manövers der Besuch von General Horty angekündigt. Mein Vater erhielt den Auftrag, zu den einzelnen Gängen der verschiedenen Festessen die Getränke auszusuchen. Er wollte seine Aufgabe gewissenhaft lösen und probierte jeden ausgesuchten Wein, bevor er kredenzt wurde. Zum Schluß war mein Vater wohl nicht mehr recht nüchtern, was den General aber nicht störte. Im Gegenteil: Er beorderte meinen Vater in seinen persönlichen Stab. Seine Aufgabe war es nun, an Hortys Hauptstandort den Weinkeller zu verwalten und bei Festlichkeiten als Mundschenk die Getränke auszusuchen. So wurde er während des Ersten Weltkrieges ein guter Weinkenner.
Als der Krieg vorbei war, sollten sich die «Freiwilligen» entscheiden, ob sie Berufssoldaten werden oder ins Zivilleben zurückkehren wollten. Seinen Vorgesetzten war völlig unverständlich, daß er, der doch in froher Weinseligkeit den Krieg überlebt hatte, das zivile Leben vorzog.

In Budapest beendete er 1920 sein Studium mit Auszeichnung. Er erhielt zur Belohnung von der Schulleitung eine Studienreise nach Deutschland finanziert. Vier Wochen später sollte er in Budapest seine erste Stellung antreten. Dann wollte er seine Verlobte heiraten. Es kam anders. Deutschland und vor allem Berlin faszinierten ihn. Mein Vater blieb einfach in Berlin und wurde wieder Student in der dortigen Kunstakademie. Seine Tante, die in New York lebte, schickte ihm jeden Monat zwanzig Dollar als Lebensunterhalt. Wenn das Geld alle war, bedeckte er seinen Kopf mit einem an allen Ecken geknoteten Taschentuch und ging zur jüdischen Gemeinde, um kostenloses Essen zu bekommen. Die tollen «zwanziger Jahre» beschäftigten ihn derart, daß er seine Familie und auch die Braut vergaß. Es war ihm gleichgültig, wie seine Mutter die übrigen Geschwister durchbrachte. Als ihm allerdings nach zwei Jahren zu Ohren kam, seine Verlobte betrüge ihn, war er in seiner Männerehre nun wirklich tief getroffen. Empört fuhr er nach Budapest, um das ungetreue Weib zu strafen.
Wollte meine Großmutter von Zeit zu Zeit wissen, wie es ihrem Ältesten gehe, mußte sie zur Selbsthilfe greifen. Sie kaufte dem jüngsten Sohn jedes Jahr eine Fahrkarte nach Berlin. Dort besuchte der kleine den großen Bruder. Mein Vater mußte ihm irgendwie die Ferien finanzieren und die Rückfahrkarte kaufen. Nach ein paar Wochen fuhr der kleine Bruder zur Berichterstattung zurück nach Budapest. Der Familienkontakt wurde so bis ins Jahr 1943 aufrechterhalten.
An der Akademie hatte er bald den Ruf: «Der charmante junge Ungar ist einer der begabtesten Schüler, der je die Akademie besuchte.» Er wurde Meisterschüler bei Professor Grenander und erster Mitarbeiter seines Ateliers. Er war an den U-Bahn-Arbeiten in Berlin beteiligt. Das U – heute internationales Kennzeichen – stammt von ihm. Er hatte eine unerschöpfliche Phantasie. Baute Häuser, war ein hervorragender Innenarchitekt, entwarf Möbel, Lampen, Geschirr, Stoffmuster, Folklore-Stickereien. Einmal hat er für den größten Schaufensterdekorationsgroßhändler eine völlig neue Kollektion von Requisiten für die Schaufenstergestaltung entworfen, die sofort produziert wurde. Über Nacht überraschte dieser Geschäftsmann die

Fachwelt mit den von nun an führenden Neuigkeiten, die plötzlich in mehr als zwanzig Schaufenstern ausgestellt waren. Zu Vaters Freunden zählte der Eiskunstläufer und Olympiasieger Ernst Baier. Mit ihm entwarf er neue Eiskunstlauffiguren und Tänze. Als Ideenspucker war er bei den Festkomitees für die jährlichen Akademiefeste sehr beliebt. Bei einem solchen Anlaß wurden einmal zu viele Ideen realisiert, und es entstand ein großes Defizit in der Kasse. Der Kassenwart nahm die Gelegenheit wahr, verwirklichte seinen Jugendtraum und verschwand für einige Monate nach Afrika.

Wenn ich als junger Mensch die Freunde meiner Eltern aus dieser Zeit besuchte, hörte ich von allen Seiten mit viel Bewunderung, wie richtungweisend mein Vater in seinem Metier war und was sie als Gleichaltrige alles von ihm gelernt hatten.

Neben seinem Gehalt als Mitarbeiter des Professors gewann er häufig Geld mit Wettbewerben. Allerdings konnte er es nicht einteilen. Das Gehalt reichte jeden Monat etwa acht Tage, danach fiel er ab und zu vor Hunger in Ohnmacht. Gewann er einen Wettbewerb, kaufte er sich Bücher, elegante Kleidung und feierte nächtelang mit seinen vielen Freunden in feudalen Nachtbars, bis er keinen Pfennig mehr in der Tasche hatte. Dann hieß es wieder hungern.

In dieser Zeit lernte er meine Mutter kennen. Auch sie studierte an der Akademie. Sie war eine aparte Berlinerin aus «gutem Haus». Ihm gefiel wohl die kluge, kühl wirkende, introvertierte und disziplinierte Käthe. Sie zog wohl seine unbekümmerte, schimmernde, eigensinnige, großzügige und zugleich egozentrische Persönlichkeit an.

Zwei völlig gegensätzliche Menschen zogen sich wie Feuer und Wasser an, sie heirateten.

Meine Mutter konnte die Hunger-Ohnmachtsanfälle meines Vaters nicht ertragen. Sie gab ihm bereits seit dem Beginn ihrer Freundschaft von ihrem Taschengeld von jedem 7. des Monats an täglich 5 Mark. Diese Sitte und die stets gleiche Summe blieb bis zu ihrem Tod im Jahre 1969 erhalten. Mein Vater fiel nur noch zweimal 1946 in Hungerohnmacht.

Vor dem Krieg machten sich die beiden als Architekten selbständig. Die Weichen für eine anspruchsvolle Karriere waren

gestellt. Meine Mutter kam aus gutsituiertem Hause, und so konnten sie sich von Anfang an einen großzügigen Lebensstil leisten. Meine Mutter mußte sich nicht um Haushalt und später um die Kinder kümmern, sie hatte dafür Personal. Erst Jahre später, nach dem Krieg, machte sie als bereits reif gewordene Frau ihre ersten Erfahrungen mit Hausarbeiten.
Meine Erinnerungen an meine Eltern beginnen nach dem Zweiten Weltkrieg. Ich war etwa fünf Jahre alt. Es ging uns in Berlin schlecht, nachdem wir alles verloren hatten und mein Vater als Ausländer noch weniger berufliche Möglichkeiten hatte als Einheimische. Dennoch und trotz langer Krankheit war er immer fröhlich und es gelang ihm, unser Leben irgendwie zu organisieren.
Seine Tante aus Amerika wurde wieder zum rettenden Engel. Ständig schickte sie Pakete, ich glaube, sie haben uns das Leben gerettet. Wie als junger Mann, vergaß er sie wieder gedankenlos, nachdem es uns allmählich besser ging.
Wir Kinder hatten immer das Gefühl, eigentlich sei alles gar nicht so schlimm. Mein Vater hatte die Fähigkeit, Probleme überhaupt nicht wahrzunehmen. Eigene und fremde. Persönliche Schwierigkeiten und Krankheiten seiner Mitmenschen interessierten ihn nicht. Fing jemand davon zu sprechen an, wandte er sich ab und brummte: «Typisch deutsch, alles muß ausgewalkt und problematisiert werden, sonst hat das Leben keinen Tiefgang. Hat man keine Probleme, schafft man sich welche, Hauptsache, das Leben ist kompliziert und schwer, gelacht werden darf nur in kurzen Pausen.» Er selbst sprach nie über seine persönlichen Probleme, Sorgen oder Ängste, die sollte eben jeder mit sich selbst ausmachen, ohne andere zu belästigen.
Dieser Tick ging bei ihm so weit, daß er stets nur erzählte, wie schön das Leben sei, wie gut es ihm gehe und was er alles mache, selbst wenn es ihm hundsmiserabel ging. Seine Devise lautete: in allem Negativen steckt etwas Positives, und damit solle man sich befassen.
Unangenehmes, das hieß für ihn Überflüssiges, erklärte er zum Tabu, über das man nicht sprechen durfte. Tat man es dennoch, wurde er wild, manchmal auch schwerhörig.

Bei meiner Mutter hatte ich immer das Gefühl, sie konnte den Schock der Umstellung vom wohlbehüteten Leben in die totale Armut und Unsicherheit nicht überwinden. Sie war kein kraftvoller und robuster Mensch, wie manch andere Frauen der Nachkriegszeit, die ihre Vergangenheit verdrängten oder abstreiften, um resolut einen neuen Lebensabschnitt zu beginnen. Gleichzeitig für die Familie zu sorgen und ihren Beruf auszuüben, hätte sie überfordert. Hinzu kam eine Krankheit, die sie zweimal über ein Jahr lang in einem Sanatorium ausheilen mußte.
Als Kind und Heranwachsende war ich überzeugt, sie akzeptierte ihr Leben nach dem Krieg nie richtig. Die Menschen in ihrer neuen Umgebung in Westdeutschland lehnte sie im Gegensatz zu meinem Vater, der sich überall zurechtfand und wohlfühlte, ab. Als wilhelminisch erzogene Preußin und als Tochter wohlhabender Eltern glaubte sie, nur in bestimmten gesellschaftlichen Konventionen leben zu können. Ich habe selten empfunden, daß sie sich über etwas wirklich freute, vielleicht konnte sie es nicht zeigen.
Oft hatte ich Schuldgefühle; unseretwegen konnte sie nicht so leben, wie es ihrem Naturell entsprach. Mein Vater schien sich darüber hinwegzusetzen. Ich glaube, ihr Dasein als Hausfrau und Mutter ertrug sie ebenso, ohne Begeisterung, in ständiger Existenzangst, die durch das unbekümmerte, oft leichtfertige und realitätsferne Verhalten meines Vaters noch gesteigert wurde.
Hätte sie nicht gestoppt, wären wir von einer Katastrophe in die andere geraten.
Mein Vater rüttelte und schüttelte an unserem Familienleben, das ihm doch so viel bedeutete, und brachte Abwechslung und Spannung hinein, während meine Mutter bremste, bremste, bremste . . .
Viel später hat sie mir einmal gestanden, sie hätte sich gerne den einen oder anderen Wunsch erfüllt, doch der Zwang, alles Entbehrliche für die Altersversorgung zu sparen und die Gewißheit, wenn mein Vater merke, sie lasse die Zügel locker, schlüge er wieder über die Stränge, hätten sie davon abgehalten. Er lehnte als «freier Mann» jede Form sozialer Sicherheit

ab, einschließlich der Mitgliedschaft in einer Krankenkasse. All das war ihm zu spießig und seiner nicht würdig, schließlich war er Künstler. Mit solchen Banalitäten konnte er sich nicht befassen.

Meine Mutter war Architektin wie er. Ich habe nie etwas Eigenes von ihr gesehen. Statt dessen hat sie mit meinem Vater über seine Ideen und Projekte gesprochen, gemeinsam mit ihm das eine oder andere entwickelt, ihm stets zugearbeitet. Sie hielt sich völlig im Hintergrund. Uns, ihre Kinder, hat sie eigentlich gut verstanden, sie war einfühlsam, wenn sie auch keine spontanen Gefühle oder Herzlichkeit zeigen konnte.

Ihre realistischen Vorstellungen und Ratschläge wurden oft durch die eigenwillige, irrationale und bestimmte Art meines Vaters und durch meine Bockigkeit «unter den Tisch gefegt».

Erst als ich selbst erwachsen war, erkannte ich sie an, ihre verhaltene und leise Charakterstärke, ihre Klugheit, Intelligenz und Herzensgüte, in jeder Situation unauffällig bis zur totalen Selbstverleugnung und mit äußerster Anspruchslosigkeit pflichtbewußt und loyal zu ihrem Mann und ihren Kindern zu stehen. Sie war das Fundament der Familie. Nur sie ermöglichte es meinem Vater, sich auszuleben.

In dieser Verbindung prallten die preußische und die ungarische Mentalität auf engstem Raum, oft dramatisch, unausweichlich aufeinander.

Wir Kinder hockten, standen, saßen, liefen oder schliefen dazwischen.

Im Jahre 1950 fand mein Vater eine interessante Stelle bei der Stadt Wiesbaden. Maßgeblich wurde er am Aufbau beteiligt. Viele seiner Ideen konnte er endlich verwirklichen. Daß die ganz große Karriere nicht kam, bedrückte ihn nie. Als Geschäftsmann wäre er ohnehin kläglich gescheitert, denn auch meine Mutter wäre hier nicht die ideale Partnerin gewesen. Immerhin hatte sie einen gesunden Geschäftssinn, aber ihr fehlte das notwendige Durchsetzungsvermögen.

Für ihn waren die gestellten Aufgaben als solche wichtig. Egal, ob es sich um große oder kleine Projekte handelte oder ob es nur um winzige Details ging. Hatte jemand einen Wunsch, entwarf und fabulierte er mit Begeisterung auch ohne jede Bezahlung. Seine Großzügigkeit machte ihn zwar sympathisch und liebenswert, meine Mutter brachte sie oft zur Verzweiflung. Zu oft wurde er ausgenutzt, ohne daß es ihm auffiel. Bemerkte er es einmal dennoch, reagierte er äußerst empfindlich und verletzt, dann hart und konsequent. Ebenso, wenn er beleidigt wurde.

Unsere erste Bleibe in Wiesbaden war eine neuausgebaute Dachwohnung in einer Gärtnerei. Meine Mutter mußte ins Sanatorium.

Damals war es üblich, daß die Mieter einen Baukostenzuschuß für Umbauarbeiten zur Verfügung stellen mußten. Dafür bekam mein Vater einen Kredit von 5000 DM. Das Geld dazu zu verwenden, die Handwerker zu bezahlen, fand er fad.

Wichtiger fand er es, mit seinen Kindern die schönen Seiten des Lebens zu studieren. So zeigte er uns im Rheingau die Landschaft, die vielen kleinen Städte, Museen, Kneipen, eleganten Restaurants und Cafés. Er liebte das Theater und war Musikfreund. Wir sollten daran teilhaben. Feste zu gestalten und zu erleben, mußte nach seiner Ansicht von Kindheit an geschult werden.

Er konnte witzig und spannend Erdachtes und Erlebtes erzählen. So war er immer ein beliebter Gastgeber, Gast und bewundernswerter großer Freund für uns Kinder und unsere Freunde.

Mit der gleichaltrigen Tochter des Gärtners und einigen Kindern der Nachbarschaft war ich befreundet. Wir besuchten oft einen anderen Gärtner in der Nachbarschaft. Bei ihm konnten wir spielen und manchmal auch ernten. Einmal – ich war zwölf Jahre alt – ging ich alleine zu ihm, er machte Annäherungsversuche.

Ich lief schnell weg. Natürlich erzählte ich dieses aufregende Erlebnis meiner Freundin. Sie fand das sehr spannend und wollte auch so etwas erleben. Sie lief also zu ihm hin, und er vergewaltigte sie tatsächlich. Später beklagte sie sich bei ihren Eltern darüber, in welche Situation ich sie gebracht hätte.

Es gab einen Aufruhr. Bald kannte die gesamte Nachbarschaft die Geschichte, und mein Vater erfuhr, welch unsittliche Toch-

ter er habe. Ich war in keiner Weise aufgeklärt worden. Statt mit mir in Ruhe darüber zu sprechen – das komplizierte Thema Sexualität gehörte bei ihm ins Tabu-Ressort – beschimpfte er mich in einer mir unbegreiflichen Weise.
Dann beachtete er mich wochenlang nicht, ich war Luft für ihn. Die Kinder aus der Nachbarschaft durften nicht mehr mit mir spielen. Ohne im Grunde zu begreifen warum und wieso, war ich nun ein Mensch, den man meiden mußte.
Kurze Zeit darauf kam meine Mutter aus dem Sanatorium zurück. Sie fand den wütenden Vater vor, die völlig verstörte Tochter und Zahlungserinnerungen der Handwerker. Sie brauchte lange Zeit, um die Rechnungen begleichen zu können, nach und nach stotterte sie sie von dem Einkommen meines Vaters ab.
Sie half mir, indem sie mit den Eltern der Nachbarkinder Kontakt aufnahm. Meine Freundinnen durften bald wieder mit mir spielen. Während dieses Debakels bekam ich meine erste Menstruation. Ich war fest davon überzeugt, in einigen Stunden sei ich ausgeblutet und mausetot. Ich rief meine Mutter zum Abschied. Anstatt die Tochter getröstet sterben zu lassen, gab sie mir eine Binde und murmelte: «Das bekommst du nun jeden Monat einige Tage.» Damit war meine Aufklärung auch für sie beendet.
Das erste Kennenlernen der Sexualität in einer so häßlichen Weise, die Brandmarkung als Außenseiter, zerstörte plötzlich und grausam die innige Vertrauens- und Wesensgemeinschaft mit meinem Vater. Innerhalb von ein paar Tagen fing ich stark an zu stottern.
Diesen Sprachfehler habe ich bis zu meinem 30. Lebensjahr behalten. Je mehr ich meine familiären Schwierigkeiten und die zum anderen Geschlecht abbauen konnte, desto schwächer wurde der Sprachfehler. Später stotterte ich dann nur noch, wenn ich sehr erregt oder angespannt war.
Das zwiespältige Verhältnis zu meinen Eltern hatte ich seit dieser Zeit. Ich liebte sie, aber mir fehlte das volle Vertrauen zu ihnen. In der Schule wurde ich noch widerspenstiger und fauler. Meine Lehrerin beantragte die Umschulung in eine Sonderschule. Meine Mutter verhinderte das. Sie wollte mir hel-

fen, indem sie versuchte, mich in eine psychiatrische Behandlung zu schicken. Ich sperrte mich. Eine unüberwindliche innere Barriere und ein unaussprechliches Schamgefühl hinderten mich daran, zu sagen, wie sehr mich diese negativen Erlebnisse noch belasteten.

Nach außen waren wir weiterhin eine fröhliche und originelle Familie. Sorgen überging mein Vater. Sein Motto lautete: Es lebe das Leben, mit dem Vater im Mittelpunkt. Gleichzeitig belasteten mich die ständige Existenzangst und der Pessimismus meiner Mutter, die sie, wenn auch ungewollt, auf uns Kinder übertrug. So lebte ich in einem ständigen Zwiespalt.

Als ich fünfzehn Jahre alt war, kam mein Vater mit der sensationellen Nachricht nach Hause: «Vielleicht ziehen wir in ein echtes Barockschloß.» Und das kam so: Eines Tages trank mein Vater mit dem Bauleiter, der für die Stadt Wiesbaden das Biebricher Schloß betreute, in einer Kneipe ein Schöppchen. Der Bauleiter hatte das Problem, innerhalb eines bestimmten Zeitraumes den restlichen Jahres-Etat für die Renovierung des Schlosses zu verbauen. Da fast nichts am Schloß in Ordnung war, sannen die beiden vor sich hin, ob die Sanierungsarbeiten von oben nach unten oder von unten nach oben erfolgen sollten. Mein Vater plädierte für von oben nach unten. Im Dachgeschoß hatte er ideale Räumlichkeiten für eine Wohnung entdeckt, und so fabulierte er weiter: «Wenn das Schloß über das Dachgebälk nach unten in Ordnung gebracht wird und ein künstlerischer Hausmeister das Schloß beobachtet und theoretisch betreut, dann kann er immer fundierte Hinweise geben, an welcher Ecke zuerst weitergebaut werden muß. Das Schloß bleibt dem Abendland als kulturelle Sehenswürdigkeit länger erhalten, und wir haben endlich ein angemessenes Domizil.» Während seiner Ausführungen hatte sich mein Vater bereits selbst zum künstlerischen Hausmeister ernannt. Tatsächlich gelang es den beiden, den Magistrat in diesem Sinne zu überzeugen. Ein halbes Jahr später zogen wir mit viel Lärm und wenig Möbeln ins Schloß. Als Einweihungsfest veranstalteten wir eine Schloßführung mit Gespenst. Aus Pappe schnitt ich 50 Paar Sohlen und überzog sie mit Stoffresten. Seitlich hatte ich Bänder befestigt. Die Schloßschutzsohlen mußten die Gäste wie römische Sandalen unter ihre normalen Schuhe binden. Altes Gerümpel verwandelten wir in historische Sehenswürdigkeiten aus einer Epoche, die es nicht gab. Die Wohnung wurde zum Museum, dessen Schätze niemand anfassen durfte, geschützt durch eine Seilbespannung. Die Gäste versammelten sich am Abend vor der verschlossenen Haustür. Um 9 Uhr durften sie eintreten, sie banden sich die Schloßschuhschoner unter, kraxelten drei Stockwerke in die völlig verdunkelte Wohnung. Mein Vater führte die Besucher mit einer Kerze in der Hand durch die erlauchten Räume und erläuterte die Sehenswürdigkeiten. Danach stolperten alle Gäste wieder drei Stockwerke runter in den Keller zum Eröffnungstrunk. Als sie erneut hoch kamen, war die Wohnung erleuchtet und bei flotter Musik durfte bis Mitternacht getanzt werden, dann kam das Schloßgespenst . . .

Am anderen Tag packte mein Vater einen kleinen Koffer und verschwand für lange Zeit in ein Sanatorium. Die übrige Schloß-Povenzbande lebte bald von der Sozialfürsorge. Einige Zeit später kam er wieder vergnügt nach Hause, und wir stürzten uns in die nächsten Abenteuer.

Als Teenager hatte ich die fixe Idee, daß wir, wenn mein Vater 65 Jahre alt würde, alle um einen großen Tisch sitzen und sterben, weil keine Altersversorgung da ist. Diese Vorstellung, in die ich mich mit zunehmendem Realitätsbewußtsein immer mehr hineingesteigert hatte, war mir unheimlich. Ich hatte keine Lust, als Jungleiche die Welt sang- und klanglos zu verlassen. Deshalb kam ich zu dem Schluß, ich müsse bis zum Tage X beruflich so ausgebildet sein, daß ich aus eigener Kraft leben und obendrein meine Eltern unterstützen könne. Also fiel ich von dem einen Extrem ins andere. Die absolute schulische Faulheit wurde von totalem beruflichem Ehrgeiz und Fleiß abgelöst. Ich wollte Modegestalterin werden. Schon in der Schulzeit zeigte sich bei mir eine ausgesprochen handwerkliche Begabung, die dazugehörige Phantasie hatte ich von meinen Eltern mitbekommen. Es reizte mich, Menschen als bewegliche plastische Grundformen mit Kleidung der verschiedensten Farbkombinationen ihrem Typ entsprechend zu verändern. Diese Berufswahl fand ich auch deshalb praktisch, weil ich meiner Mutter für wenig Geld schöne Kleider entwerfen und anfertigen konnte. Während meiner Ausbildung als Schneiderin, Mode- und Meisterschülerin entwickelte ich eine enorme Arbeitsbesessenheit. Über Jahre tat ich nichts anderes, als zu lernen und zu arbeiten, um am Tage X nach dem Abschluß meiner Ausbildung eine Existenz zu haben.

Freizeit und Schlaf gab es in dieser Zeit kaum. Neben der Ausbildung arbeitete ich für eine Zeitung, für das Theater und für Privatkunden, um das Geld für meinen persönlichen Bedarf und die Einrichtung einer kompletten Werkstatt zu verdienen. Neben meinen beiden Vorsätzen, ausschließlich für meinen Beruf und meine Eltern zu leben, gab es für mich einen sehr engen Kontakt nur zu meinem Bruder. Mich mit anderen Gleichaltrigen und mit anderen Interessen zu befassen, dafür glaubte ich keine Zeit zu haben. Mein Vater war in dieser Zeit sehr stolz auf mich und spornte mich ständig an. Wir phantasierten viel, was ich noch alles in meinem Beruf machen könnte. Außerdem wetteiferten wir darin, immer neue Gerichte und Menüzusammenstellungen zu erfinden, und laufend fielen uns neue Festanlässe ein. Hierfür waren wir ideale Partner. Meine Mutter wandte sich mit Grausen ab.

Als ich meine Ausbildung beendet hatte und mich in unserer Wohnung selbständig machte, war mein Vater auch bald Ruheständler. Die Familie war nun ständig beisammen. Mein Vater entwarf in seinem Arbeitszimmer, meine Mutter half, mein Bruder malte und zeichnete neben seinem Studium zu Hause, während ich in meinem kleinen Atelier arbeitete. Zwischendurch trafen wir uns in der Diele, schwätzten, regten uns gegenseitig an, tranken öfter ein Schöppchen und aßen gern etwas Gutes. Trotz dieser äußeren Lebendigkeit manövrierte ich mich immer mehr in eine Isolation.

Daß ich mir mit der Selbstauferlegung dieser Aufgaben – Verpflichtung gegenüber Eltern und ausschließliche Fixierung auf meinen Beruf – gleichzeitig einen Verdrängungsmechanismus gegenüber meinen anderen natürlichen Bedürfnissen aufgebaut hatte, merkte ich fast zu spät, als ich im Bereich der zwischenmenschlichen Beziehungen bereits total verklemmt und verunsichert war. Ich hatte zwar losen Umgang mit

Gleichaltrigen, doch die Kontaktfähigkeit zum anderen Geschlecht war total gestört. Die dominierende Vaterfigur, die mir einerseits viel gab, jedoch gleichzeitig in beleidigender, abfälliger Art jede Freundschaftsbeziehung zu Männern zu verhindern suchte, meine zum Teil daraus resultierenden starken Hemmungen und das Gefühl der materiellen und menschlichen Verpflichtung gegenüber meinen Eltern sowie der Anspruch meines Vaters – den ich zeitweise übernommen hatte – im Beruf Hervorragendes zu leisten, waren für mich eine unüberwindliche Barriere, mich zu dem zu bekennen, was ich selbst wirklich wollte. Wie die meisten meiner damaligen Freundinnen und Bekannten hatte ich im Grunde den Wunsch, einfach Mensch und Frau zu sein und für beides den natürlichen Lebensbereich zu finden.

Allmählich entwickelte ich gegen den Beruf und meine Familie immer stärkeren Widerwillen. Einerseits wollte ich von diesen beiden Belastungen weg, andererseits fühlte ich mich verpflichtet, mein Vorhaben konsequent durchzuführen, obwohl ich todunglücklich war. Das Verlangen, einmal einige Zeit völlig ohne Druck und vor allem unbeschwert ohne Familie zu leben, wurde immer größer.

Mit 24 Jahren lernte ich einen Studienfreund meines Bruders kennen, den ich mochte. Er fand mich auch nett. Bald waren wir uns einig, zu viert eine mehrwöchige Trampreise durch England und Schottland zu unternehmen. Hede und «mein Freund», Dieter und ich fuhren jeweils als Zweiergespann per Anhalter. Nach ein bis zwei Tagen trafen wir uns an verabredeten Orten. In Edinburgh klappte das Zusammentreffen erstmals nicht. Die anderen waren spurlos verschwunden. Mit dreitägiger Verspätung tauchten sie plötzlich mit zwei wilden Briten vergnügt auf. Der eine war ein bekannter britischer Maler, etwas verrückt und reich. Er mußte nicht in der Klinik leben, weil sein Freund, der auch sein Vormund war, sich um ihn kümmerte. Er hatte sich in Hede verliebt. Sie erinnerte ihn an seine verstorbene Frau, die er als Soldat nach dem Kriege aus einem Konzentrationslager befreit hatte. Euphorisch versprach er uns, er und sein Freund würden uns Schottland im Rolls Royce zeigen, anschließend sollten wir auf sein Schloß fahren, in dem gerade Jehudi Menuhin wohnte, der uns bestimmt ein Ständchen spielen würde. Außerdem wollte er uns 100000 DM schenken, denn gerade die Jugend brauche Geld, um mit ihrer unverbildeten Begeisterung und Aufnahmefähigkeit vieles zu sehen, zu erleben und kennenzulernen. Wir waren mit der These einverstanden. Als er hörte, daß ich aus der Modebranche kam, verabschiedete er sich mit dem Hinweis, er müsse schnell auf sein Schloß eilen, um mir zu Ehren den Kilt seines Clans anzulegen. Wir freuten uns auf die künftigen spannenden Erlebnisse und auf den Scheck. So befanden wir, es sei nun Zeit, die Jugendherberge zu verlassen, um uns in einem exklusiven Rahmen auf unseren künftigen Reichtum vorzubereiten. Wir übten in einem teuren Hotel, nachmittags lässig englischen Tee zu trinken, abends probierten wir in der Bar nach und nach sämtliche Getränke. Nach etwa acht Tagen waren wir fast pleite. Plötzlich erschien unser schottischer Glücksbringer im Kilt und mit dem Scheck wedelnd, den er seiner Angebeteten mit Handkuß überreichte. Stumm und ergriffen bestaunten wir das wertvolle Stück Papier. Wir waren richtig reich. Nach etwa fünf Minuten nahm er nochmals den Scheck, um etwas zu vermerken. Vor unseren Augen zerriß er den Scheck, lachte irrsinnig und verschwand auf Nimmerwiedersehen. Der zweite Schreck folgte prompt. Wir hatten nicht einmal mehr Geld für die restlichen Übernachtungen in der Jugendherberge. Unser anderer schottischer Freund, ein Kellner im Hotel, gab uns folgenden Tip: Außerhalb des Dorfes befände sich ein leeres, fast fertig gebautes Bauernhaus. Dort könnten wir uns einnisten. Es wurde eine unheimliche Woche. Wir richteten uns ein. Auf dem Kamin befestigten wir den Schädel eines toten Tieres. Die gestohlene Holzbank verwandelten wir zum gemütlichen Sofa vor dem Kamin, in dem es jeden Abend prasselnd brannte. Am anderen Ende des Raumes rahmten wir mit Steinen ein Viereck, es wurde ca. zwanzig cm hoch mit Heidekraut gepolstert. Abends zündeten wir Kerzen an, tranken schottischen Whisky, erzählten Schauergeschichten oder lasen uns laut einen Krimi vor.

Trotz der vielen Eindrücke war ich während der Reise sehr bedrückt, weil ich es einfach nicht fertigbrachte, so spontan und unbefangen mit den anderen umzugehen, wie es für sie selbstverständlich war. Zwischen uns war eine unsichtbare «Wand». Mein völlig verkrampftes Verhalten wurde für die anderen und für mich immer mehr zur Qual. Ich war in mich gekehrt und stumm. Das Empfinden, überhaupt noch nicht unbeschwert ohne die dominierende Vaterfigur und ohne die belastende Lebensangst meiner Mutter gelebt zu haben, wurde unerträglich.

Beim schottischen Whisky konnte ich zum erstenmal über alles, was mich jahrelang bedrückt hatte, frei sprechen. Die sich daraus entwickelnde Diskussion dauerte bis zum frühen Morgen, als wir vor Müdigkeit erschöpft einschliefen. Meine Freunde machten mir klar, was ich im Grunde schon längst empfunden hatte. Ich mußte nun endlich den Weg zur eigenen Lebensgestaltung finden, versuchen, mich aus der Familienproblematik und von der Vaterpersönlichkeit zu lösen, Abstand gewinnen und allmählich lernen, meine persönlichen Bedürfnisse zu artikulieren und zu realisieren, Freundschaftsbeziehungen ohne Familienhintergrund aufzubauen, und mir andere und neue Interessen suchen. Am nächsten Tag schrieb ich meinen Eltern, schilderte ihnen meine Verfassung, meine Gedanken. Ich bat sie um Verständnis und teilte ihnen mit, nach meiner Reise würde ich so schnell wie möglich das Geschäft und den Beruf aufgeben und mich von ihnen räumlich trennen, um irgendwie zu mir selbst zu finden. Das Familienlösungsdrama konnte beginnen.

Nachts von der Reise zurück, empfing mich meine Mutter, umarmte mich, machte heißen Kaffee und meinte: «Morgen wird alles in Ruhe besprochen.»

Mein Vater brummte am nächsten Morgen nur eine kurze Begrüßung, sein sonstiges Verhalten in den nächsten Tagen war eisiges Schweigen. Meine Mutter bestärkte mich, beredete mit mir unter dem Siegel der Verschwiegenheit, was sie alles in den vergangenen Jahren zusammengetragen und organisiert hatte, um eine bescheidene Altersversorgung sicherzustellen. Wir hatten in diesen Tagen ein offenes und harmonisches Verhältnis. Ich war erleichtert und machte zu meinem Vater eine kurze Bemerkung, irgendwie werde sich schon alles zum

Besten wenden. Das war der Funke zur Explosion. Er beschimpfte mich in einer verletzenden Art, ich wäre nur faul und wolle was erleben, bis ich in der Gosse lande. Diesmal wehrte ich mich. Sein krasses und egoistisches Verhalten sowie seine Unfähigkeit, ein bißchen Verständnis und Einfühlungsvermögen für mich zu zeigen, entsetzten mich. Fassungslos und unkontrolliert tobte ich, ich wolle mit dieser überheblichen, selbstherrlichen und einseitigen «Hochjubelung» eines Lebens für die Kunst, egal ob die Familie gesichert sei oder nicht, egal ob die einzelnen Familienmitglieder ihre eigenen Vorstellungen verwirklichen könnten oder nicht, nichts mehr zu tun haben. Ich machte meinen Eltern ihre lebensfremde Prüderie, die sie Moral nannten, ihr gekünsteltes Ausklammern und Ignorieren der natürlichen geschlechtlichen Beziehungen zum Vorwurf. Aufgebracht fragte ich, warum sie bei dieser Einstellung überhaupt geheiratet hätten. Wie sie es bei ihrer tabuisierenden Lebenseinstellung überhaupt fertiggebracht hätten, Kinder in die Welt zu setzen?
Diese längst überfällige Auseinandersetzung war für uns alle entsetzlich. An diesem Abend zerbrach in mir etwas; wir hatten uns verloren. Meine Mutter muß es gespürt haben. Sie saß am Tisch und weinte. Der spätere Tod meiner Eltern berührte mich nicht mehr als der Abschied von irgendeinem Menschen. Heute glaube ich, die Situation hätte sich nicht so zerstörerisch zugespitzt, wenn in unserer Familie in jeder Beziehung ein freieres und offeneres Miteinander geherrscht hätte. Ich hatte oft Hemmungen und war zu ängstlich, klipp und klar zu sagen und zu tun, was ich wirklich wollte.
Als ich später in Berlin war, schrieb mir mein Vater einen Brief, in dem er sich andeutungsweise entschuldigte. Ich freute mich darüber, doch er half mir in meiner damaligen Verfassung nicht weiter.
Der Anfang in Berlin war fürchterlich. Ich hatte dumpfe Depressionen. Ich war überzeugt, in meinem Leben sei alles falsch gelaufen; Schuldgefühle, meiner Familie gegenüber versagt zu haben, wechselten mit Haß. Hinzu kamen bedrückende Isolationsgefühle, obwohl sich viele nette Menschen um mich bemühten, und die völlige Ratlosigkeit, wie es beruflich weiterge-

hen sollte. Es dauerte Jahre, bis sich dieser Knoten endgültig löste. Mich auf eine Berufstätigkeit zu konzentrieren, war mir damals nicht möglich. Ich nahm nur kurzfristige Arbeiten an, um mich jederzeit zurückziehen und verkriechen zu können, und lebte sehr bescheiden. Wenn ich Geld übrig hatte, verreiste ich, um mich abzulenken. Soweit ich konnte, war ich bemüht, mich mit meinen Interessen und den Menschen meiner Umgebung zu befassen. Es gelang kaum. Manchmal öffnete sich die Tür nach außen ein bißchen, dann schlug sie wieder zu. In dieser Zeit hatte ich öfter Selbstmordgedanken, weil ich daran zweifelte, jemals mein Leben in den Griff zu bekommen. Zum Glück hatte ich noch ein paar Körnchen Lebenswillen. Ich redete mir immer wieder selbst zu: «Ille, da mußt du durch, du bist krank, irgendwann geht diese Horrorzeit vorbei.» Für solche Momente entwickelte ich den Trick, so schnell wie möglich in mein Zimmer zu kommen, eine Schlaftablette zu nehmen, um umgehend zu schlafen. Danach ging es mir bis zum nächstenmal wieder besser.

Im Laufe der Zeit gelang es mir, nach außen wieder fröhlicher, ansprechbarer und normaler zu wirken. Nach etwa zehn Monaten nahmen mich Freunde für einige Monate mit nach Griechenland. Den ersten Versuch, erneut in meinem Beruf zu arbeiten, machte ich etwa nach einem Jahr. Ich fand eine Stellung in einem Modeverlag. Die Belastbarkeit war noch sehr schwach. Ein echtes Interesse für meinen Beruf stellte sich nicht mehr ein. Jedesmal, wenn ich mich bemühte, wieder intensiv anzufangen, bekam und bekomme ich noch heute Beklemmungen.

Die Beziehung zu meinen Eltern blieb bis zu ihrem Tode distanziert. Ich hatte Sehnsucht nach meiner Familie, kamen wir zusammen, mußte ich häufig weinen, eine innere Abwehr trennte uns. Heiligabend 1969 starb meine Mutter plötzlich. Es tat mir leid.

Mein Vater verarbeitete diesen Einschnitt auf seine Weise. Im ersten Schreck und Schock wurde er krank, mußte einige Tage das Bett hüten, und zwar genau so lange, bis meine Mutter beerdigt war. Als er aufstand, befand er, als Witwer müsse er würdig und elegant sein, also führte ihn sein erster Weg zum

Schneider. Das äußerliche Witwertum konnte beginnen.
Doch der alte Schwung war hin. Spontanes Aufflackern wechselte mit Resignation, Abkehr, Trauer. Trotz spannungsreicher Gegensätze müssen meine Eltern sich wohl sehr geliebt haben. Mein Vater konnte den Tod meiner Mutter nicht überwinden.
Sein Wunsch war, daß ich wieder bei ihm leben und ihn versorgen solle. Dieser beklemmende Gedanke brachte mich in einen Zwiespalt. Einerseits konnte ich ihn verstehen, andererseits hätte es für mich bedeutet, die vier Jahre der Ablösung, die noch längst nicht abgeschlossen war, aufs Spiel zu setzen. Wieder kamen die Depressionen. Ich war unkonzentriert und abwesend, hatte Lebens- und Existenzangst.
Meinem Beruf ging ich nur mit Widerwillen nach, schwankende Leistungen waren die Folge. Obwohl ein Nachgeben vielleicht im Augenblick der bequemere Weg gewesen wäre, war ich überzeugt, die Entscheidung, bei meinem Vater zu leben, hätte endgültig die Chance zerstört, eine meinen Fähigkeiten und meinem Wesen entsprechende eigene Lebensform zu finden. Ich war schließlich fast 30 Jahre alt. Mein Vater hätte mich mit seinem Charme, seinem Anspruch und seiner Persönlichkeit wieder völlig an sich gekettet, ein persönlicher Freiraum wäre mir kaum geblieben. Und den Mut, nach Jahren noch einmal einen neuen Startversuch zu machen, hätte ich vielleicht nie mehr gehabt. Zu meiner Erleichterung kümmerten sich mein Bruder und seine Familie vor allem um ihn.
Kurz vor seinem Tode sollte mein Vater auf mein Leben noch einmal entscheidenden Einfluß ausüben.
In einem Anfall von Vernunft kam ich auf die Idee, als Berufsberaterin Beamtin auf Lebenszeit zu werden. Dies zu hören hatte bei meinem Vater die gleiche Wirkung, als wenn eine Pfarrerstochter mit ihrem Zuhälter bei ihrem Vater erscheint und freudestrahlend verkündet: «Papa, ich gehe jetzt auf den Strich.» Er bekam panische Angst, mein Gemüt und seine Erziehung würden bei einer solchen Lebensweise verdorben und zerbrochen. Mein Herz wurde weich, so etwas konnte ich ihm wohl nicht antun. Ich fuhr nach Nürnberg zur Prüfung. Ein wesentlicher Bestandteil war ein Aufsatz: «Was bedeutet

Lernen?» Lakonisch und kurz schrieb ich einen Satz: «Unsinn, leider läßt es sich nicht immer vermeiden.»
«Sie sind in einer Redaktion beschäftigt?» fragte mich der Prüfer entgeistert. Damit war mein künftiges Nichtbeamtenschicksal für alle Zeiten besiegelt. Schamvoll errötend schlug ich die Augen nieder, ging zur Amtskasse, um das Fahrgeld zu holen.
Später schlenderte ich vergnügt durch Nürnberg. Dennoch, ich hatte mich noch einmal dem Wunsch meines Vaters gebeugt und wurde als Stylistin kreativ.
Im Sommer fuhr mein Vater noch einmal nach Brixen in Tirol. Hier hatten meine Eltern oft ihren Urlaub verbracht. Um seine Gesundheit zu schonen, sollte er auf Anweisung des Arztes nur wenig essen und trinken.
Er entwickelte sich zum erstenmal in seinem Leben zum Buchhalter. Peinlich genau führte er mit Stunde und Ort seine Ausgaben auf. So konnten wir uns später ein gutes Bild über den Verlauf seiner letzten Reise machen. Er aß und trank wohl von morgens bis abends ununterbrochen alles, wozu er Lust hatte. Nach drei Wochen kam er zwanzig Pfund schwerer, keuchend und vergnügt nach Hause.
Einige Tage später rief mein Bruder bei mir an: «Vater ist so merkwürdig blau im Gesicht.» Wir einigten uns, ihn möglichst umgehend in ein Krankenhaus zu bringen. Zunächst sträubte er sich. Zuerst müsse er seinen Weinvorrat austrinken. Das tat er, dann war er zu seiner letzten Fahrt bereit – er muß es gewußt haben.
Im Krankenhaus wollte er noch immer der charmante und elegante Ungar sein. Eine bildhübsche Krankenschwester versorgte ihn. Grund genug für ihn, seinen Kindern den Auftrag zu geben, im teuersten Herrenausstattungsgeschäft der Stadt einen ganz bestimmten Schlafanzug zu besorgen. Bevor wir den Wunsch erfüllen konnten, war er tot.
1972 gab ich meinen Beruf als Stylistin auf. Die intensive und sehr fordernde Berufsausübung empfand ich noch immer als Bedrohung, wieder ins alte Fahrwasser zu geraten. Jetzt wollte ich endlich Schluß damit machen; berufliche Überaktivität sollte nicht weiter meine eigentlichen Wünsche betäuben. End-

lich einmal unbefangene und selbstverständliche Beziehungen zu den anderen Menschen war mein Ziel.
Inzwischen war mir klar geworden, daß nicht nur die extrem verschiedenen Charaktere meiner Eltern, meine Erziehung und unser «Familienschicksal» die einzigen Gründe für meine Schwierigkeiten waren. Auch meine empfindliche Art, Eindrücke und Erlebnisse aufzunehmen und zu verarbeiten, und meine Schwäche, die auch eine Stärke sein kann, mich ausschließlich auf eine Sache oder ein Thema zu konzentrieren, behinderten mich.
Jetzt bemühe ich mich, diese Eigenschaft zu neutralisieren. Nicht immer gelingt es mir.
Der erste und bewußte Schritt, aus diesem Teufelskreis auszubrechen, bestand darin, eine viermonatige kaufmännische Grundausbildung zu absolvieren. Ich wurde Teilzeitphonotypistin. Über diesen Entschluß war ich glücklich. Endlich konnte ich mich ungestört und ohne große berufliche Belastung von meiner strapaziösen Jugend erholen und zur Besinnung kommen. Nun hatte ich auch zum erstenmal eine bescheidene finanzielle Sicherheit, die für mich Geborgenheit bedeutete. Die gleichmäßige und etwas langweilige Arbeit empfand ich als wohltuend. Dieser bewußte Sprung in eine neue Lebensform mit neuen Wertvorstellungen befreite mich von Ehrgeiz, Stress und Karrieredenken.
Allmählich lernte ich Kontakte zu anderen Menschen aufzunehmen und mich intensiver mit meiner Umgebung zu befassen. Ich fand Menschen, die sich offen mit ihren vielfältigen Schwierigkeiten auseinandersetzten. Weniger Zwänge, weniger Tabus, die mich zu ersticken gedroht hatten; das war für mich ein Fortschritt.
Aber da war noch ein besonders wunder Punkt geblieben. Obwohl ich schon 30 Jahre alt war, gelang es mir immer noch nicht, eine Beziehung mit einem Mann einzugehen. Die Gründe waren vielfältig: Die Kindheitserlebnisse; die dominierende und mich immer wieder faszinierende Persönlichkeit meines Vaters, gegen die ich mich wehrte und die mich bis zu seinem Tode immer wieder gefangennahm und die bei mir wohl auch bestimmte Vorstellungen von einem möglichen Partner aus-

löste – der nicht vorhanden war oder wiederum andere Vorstellungen hatte; dann wieder befaßte ich mich konzentriert und ausschließlich mit etwas, was ich besonders interessant oder wichtig fand, dann wiederum hinderte mich mangelndes Selbstvertrauen, mal selbst Initiative zu ergreifen.
Eines Tages hatte ich von diesem problematischen Gezappel genug, ich nahm mich ins «Gebet» und sprach vor einem Spiegel ernsthaft zu mir: «Ille, wenn du noch lange die Hemmungen gegenüber dem anderen Geschlecht hegst und pflegst und dir immer wieder ein warum und wieso, weshalb und wozu einfällt, kommst du womöglich als Jungfrau in die Wechseljahre, oder du steigst gar unberührt ins Grab.» Nein, das konnte und wollte ich nicht ertragen.
Also beschloß ich, bis zum Fünfzehnten des nächsten Monats müsse die Unschuld weg sein. Egal ob mit oder ohne Liebe. Gesagt, getan. Das Opfer ließ nicht lange auf sich warten. Nach einem Kegelabend ging ich mit ihm beschwipst nach Hause. «Na los, zieh dich aus», raunzte er routiniert. In der ersten Pause erzählte er mir stolz und ausschweifend, wie clever er sei und weshalb er so viel verdiene. Damit ich es auch glaubte, sprang er aus dem Bett und holte seine Lohnsteuerkarte, wedelte damit vor mir herum, dann ging's weiter. Anschließend errechnete er flugs, wieviel er voraussichtlich in fünf Jahren verdienen werde. Zuerst war ich völlig verblüfft, dann wollte ich über die Situationskomik loslachen. Zum Glück fiel mir rechtzeitig ein, ich hatte mal gehört, Männer seien in diesen Momenten sehr sensibel. Ich verkniff mir das Lachen und bekam einen Schluckauf.
Nach weiteren fünf Männern innerhalb von drei Wochen hatte ich genug und stellte gelockert die Roßkur ein.
In der Eile des «Gefechts» hatte ich nicht daran gedacht, irgendwelche Vorsichtsmaßnahmen zu treffen. Nach einigen Wochen kamen mir Bedenken, ob ich dieses Abenteuer ungeschwängert überstanden hätte.
Es war Faschingszeit. Mit meinem Bruder und dessen Frau war ich an einem Abend zum Feiern in die Altstadt von Mainz gefahren. Beschwipst platzte ich plötzlich heraus: «Ich glaub, ich bekomme ein Kind», worauf meine Schwägerin in ihrer

unkomplizierten Art frohlockte: «Das ist ja wunderbar, das Kind nehm ich und zieh es groß, das erspart mir die nächste Geburt.»

Ich war für eine Abtreibung. Die Betrunkenen um uns herum verfolgten aufmerksam die Familienberatung. In der Kneipe entwickelte sich, begleitet von lauter Fastnachtsmusik, eine hitzige Debatte über Pro und Contra der Abtreibung.

Die Frage nach der Mitbestimmung und den finanziellen Möglichkeiten tauchte auf. Ich gestand: «Es waren fünf, ein Buchhalter, ein Jurist, ein Boxer, ein abgesprungener Pfarrer und ein Amerikaner.» Im Laufe der Diskussion kam mir die Idee, es wäre eigentlich praktisch, die fünf Herren in einem Väterkollektiv zusammenzufassen, so könnte jeder ein wohldosiertes Vaterglück zu günstigen Bedingungen ohne allzu große Einschränkungen genießen.

Mein Bruder schüttelte nur noch den Kopf und murmelte, peinlich berührt: «O Ille, Ille, du bist unmöglich.» Mitfühlend versuchte ich ihn zu trösten: «Ei Pit, in diesem Alter sind fünfe doch nur normal bis bescheiden, es hat sich halt durch die besonderen Umstände zeitlich etwas zusammengedrängt.»

Zwei Frauen kamen zu mir und steckten mir diskret Adressen zu. Leicht wankend erhob sich ein «Patriot» und dröhnte: «Ei Fraa, gebäre wenigstens du ä Kindche, die Produktion in Deutschland stagniert, hot ä Tief. Mir, der Staat, die Gesellschaft, brauche die Zukunft, dei Kind.» Innerlich nahm ich Haltung und Würde an. «Und wir, die Gesellschaft, sowie die Väter helfe dir, oder aach net, hick.» – «Na», fragte ich, «hast du schon für Deutschlands Zukunft gesorgt?» – «Ei, ich waas net, es könnt sein, es könnt awwer ach net sein, ich halt mich aus solche Folge raus, des is werklich net mei Problem. Wie käm ich aach dazu, es reicht doch, wenn ich die Fraue glücklich mach, oder?» Ich verstaute sorgfältig die Adressen. Einige Tage später freute ich mich, daß ich mir über dieses Problem keine Gedanken mehr zu machen brauchte.

Bei einem Theatertreff lernte ich «Sexy-Peter» kennen. Seine Lieblingsthemen waren Sex und Wagner-Musik. Auch sonst war er sehr beschlagen. Er war der erste Mann in meinem Leben, mit dem ich ohne Hemmungen einen angenehmen, nie langweiligen oder stockenden Kontakt hatte. Bald störte es mich aber, daß Frauen für ihn nichts anderes als verschiedene Modelle waren, ganz wie bei einem Autoliebhaber. Um mich gefühlsmäßig nicht zu sehr an ihn zu gewöhnen, löste ich die Verbindung.

Wieder war es die «Theaterwelt», wo ich einen mitreißenden Kabarettisten kennenlernte. Von seiner spontanen und witzigen Art war ich schnell gefangen. Es war, als würden plötzlich Mauern heruntergerissen.

An einem Abend nach der Vorstellung sprach ich mit seiner Partnerin, ich fragte, ob sie schon lange zusammenarbeiten würden. «Ja, ja», antwortete sie mir so nebenbei, «wir kennen uns schon einige Jahre.» Später erfuhr ich, sie war seine Frau.

Zuerst war ich erschrocken, dann böse. Noch später versuchte ich die Situation der beiden zu verstehen. Es entwickelte sich eine Freundschaft.

Neulich lernte ich wieder einen faszinierenden Mann kennen. Sein Aussehen, seine Art, seine Vorstellungen vom Leben erinnerten mich verblüffend an meinen Vater. Ich mochte ihn nicht wiedersehen.

Elisabeth Müller-Luckmann
Hast du schon die Bücher gepackt?

Als ich geboren wurde, war mein Vater fünfunddreißig. Da hatte er schon einen achtjährigen Sohn, und er hatte eine Tochter gehabt, die als Baby gestorben war. Ich war also das dritte und letzte Kind und fühlte mich von ihm «angenommen». Als kleines Mädchen wollte ich ihn möglichst viel in meiner Nähe haben. Mit vierzig Jahren war er bereits silberweiß; er sah überhaupt gut aus: helle und doch warme blaue Augen. Jedenfalls wirkte er auch äußerlich sehr «väterlich».
Eine meiner frühesten Erinnerungen an ihn: wir hatten im Harz eine Art Ferienhaus gemietet und auf dem Heimweg von einer Wanderung kriegte ich einen Anfall von Dunkelangst im stockfinsteren Wald. Da zog er seine Jacke aus, packte mich hinein und trug mich auf seinen Armen nach Hause. Das habe ich nie vergessen, und später hat das in meinen Phantasien von Mann und Frau und Geborgenheit eine wichtige Rolle gespielt. Das ist für mich eine ganz kostbare Erinnerung, und da mag sich ja kein Psychoanalytiker ranwagen!
Vater war zärtlich, und er war leicht in gefühlshafte Bewegung zu bringen: einer jener (damals seltenen) Männer, die sich in ernsthaft anrührenden Augenblicken ihrer Tränen nicht schämten. Hart war er nur gegen sich selbst, wenn es um Pflichterfüllung ging – aber sonst war er weich im besten Sinne. Er hat nur ein einziges Mal vorgehabt, mich zu schlagen (ich war, glaube ich, sieben und hatte mich wahrscheinlich äußerst entnervend aufgeführt). Aber kaum als er mir den ersten Klaps verabfolgt hatte, begann ich unmäßig zu brüllen, was ihn offenbar sehr erschreckte und ihn bewog, sogleich von mir abzulassen.
Ich glaube noch ganz genau zu wissen, daß ich nicht aus Angst vor Schlägen schrie, sondern weil der geliebte Papa mit seinem völlig ungewohnten Verhalten mir plötzlich wie ein Fremder

erschien. Ich bin heute ein entschiedener Gegner jeglicher Körperstrafe. Dazu hat dies Erlebnis mit ihm sicher ganz erheblich beigetragen.
Vater hatte eine schwere, entbehrungsreiche Jugend gehabt. Sie vermittelte ihm ein sehr ausgeprägtes Pflichtgefühl und eine selbstverständliche Hilfsbereitschaft. Er war leitender Angestellter und mutete sich selbst immer das größte Arbeitspensum zu. Auch zu Hause war er aktiv: Morgens um sechs bereitete er sich sein Frühstück, und manchmal erledigte er – obwohl Mutter eine Zugehfrau beschäftigte – bevor er fortging, noch den «Spül» (wie die rheinische Mutter zu sagen pflegte) vom Vorabend. Sonntags tat er dergleichen sogar regelmäßig. Gern machte er dies bestimmt nicht, aber er war eben kooperativ.
Vater war im Rahmen seiner Möglichkeiten großzügig: Knausern kam nicht in Frage. Er legte sehr viel Wert auf eine gepflegte Häuslichkeit, und für Anschaffungen und Verbesserungen, die dem Wohnen galten, war er stets zu haben. Das hat uns Kinder sehr geprägt, denke ich.
Vater war ein begeisterter Gastgeber. Er galt als vorzüglicher Weinkenner, und stets war er der fröhliche Mittelpunkt. Es wäre ihm nie in den Sinn gekommen, an seinen Gästen zu sparen. Wir durften eigentlich immer dabei sein, und ich habe viele schöne Kindheitserinnerungen an gelungene Feste mit Verwandten und Freunden, die ohne alberne Konventionen, aber auch ohne unsinnigen Aufwand stattfanden. Diesen entspannten Lebensstil mochte ich ganz einfach.
Vater hatte das sogenannte Schichtenproblem für sich hervorragend gelöst, er ging einfach mit allen Leuten in gleicher Weise um. Er war er selbst: entspannt, natürlich und von einer unbefangenen Höflichkeit zu jedermann. Nicht zuletzt deshalb war er ungemein beliebt, und als der ihm befreundete Pastor an seinem Grabe (Vater starb mit 65 an einem Schlaganfall) sagte, Friedrich Luckmann habe praktisch keine Feinde gehabt, so war dies keine der üblichen Phrasen. Durch meine Mutter (er selbst sprach darüber mit uns nicht) erfuhren wir als Kinder schon, wie er zum Beispiel einige finanzielle Unterschleife, die von Angestellten in der Firma begangen wurden, menschlich so

nobel ordnete, daß für die Betroffenen keine Katastrophe entstand. Das hat mir sehr imponiert und mich nachdenklich gemacht.

Vater hatte einen für ihn unverrückbaren moralischen Mittelpunkt, und das war die Freimaurerei. Als junger Mann schon war er in die Loge eingetreten, und sie hat seine Einstellungen und Handlungen bis zu seinem Tode bestimmt. Ihr widmete er einen großen Teil seiner ohnehin kargen freien Zeit. Aber die Familie vernachlässigte er dabei keineswegs – ich weiß auch nicht, wie er das alles geschafft hat. Ich bin schon sehr früh mit den freimaurerischen Gedanken in Berührung gekommen, und zwar auf sehr konkrete Weise. Ich war als Kind besonders durch Buchstaben faszinierbar. Meine Mutter, die (einigermaßen zähneknirschend) Lehrerin gewesen war, zeigte keinerlei Ehrgeiz, mich verfrüht das Lesen zu lehren, aber ich fragte mir unerbittlich das Nötige zusammen und konnte bei Schulbeginn daher längst flüssig lesen. Besonderen Anreiz bot dazu ein langer Spruch in gotischen Lettern, der über dem Bett meines Vaters hing, überschrieben: «Mein Glaube». Leider ist das Bild in den Kriegswirren irgendwie abhanden gekommen, aber wir haben jetzt den Text wieder ausgraben können: es handelt sich um ein Gedicht des Freiherrn von Wesenberg (1774–1860), Generalvikar des ehem. Bistums Konstanz (ein Liberaler, der durch sein Bekenntnis zum Freimaurertum in Konflikte mit Rom geriet). Heute kann ich sagen: es war sicher bezeichnend für Vater, daß er sich – wie ich das immer empfunden habe – mit diesem Gedicht identifizierte, besonders mit der Strophe:

«Drum glaub ich nicht, daß vor dem Geist der Welten
des Talmund und des Alkoran
Bekenner weniger als Christen gelten;
verschieden zwar, doch alle beten an.
Er lehrte Schonung, lehrte Duldung üben,
Verfolgung war der hohen Lehre fern;
er lehrt' ohn' Unterschied die Menschen lieben,
verzieh' dem Schwachen, jedem Feinde gern.»

Vater hatte nämlich, gegen den Widerstand ihrer Familie, eine Katholikin geheiratet. Mein älterer Bruder, der zunächst eine konfessionelle Schule besuchte, muß sehr unter dieser Randposition in einer damals sehr kleinen Minderheit in einer norddeutschen Stadt gelitten haben. Die Eltern ließen ihn dann (ich wurde es später sogleich) protestantisch werden und umschulen. Das gab natürlich neue heftige Konflikte mit der rheinischen Verwandtschaft – aber ich entsinne mich (da war ich wohl vierzehn) eines friedlichen Bildes: Mutters Vetter Monsignore L. und Vater einträchtig am Rheinufer spazierengehend. Vaters Charme und Herzlichkeit verschloß sich eben so leicht niemand.

Aber zurück zu jenem Wandspruch: mich beeindruckte am meisten:

«Ich glaube . . . daß
zwei schöne Güter mir der Herr gegeben:
Das eine Herz, das andre heißt Vernunft.»

Und weiter:

«Will brüderlich die Menschen alle lieben,
am Belt, am Hudson und am Gangesstrand.
Ihr Leid zu mildern und ihr Wohl zu mehren
sei stets mein heiligster Beruf.»

Das regte meine Phantasie ungeheuer an. Was tat man mit dem Herzen, was mit der Vernunft – was hatte es mit den Menschen an Belt, Hudson usw. auf sich? Ich weiß nicht mehr genau, was Vater auf meine dringlichen Fragen antwortete, aber ich weiß noch, daß ich es zu begreifen glaubte und daß ich überzeugt war, so müsse es richtig sein. Außerdem erlebte ich ja ständig, daß er sich zu seinen Mitmenschen brüderlich verhielt. Er war eben glaubwürdig, und das machte für mich seine stärkste Wirkung aus. Die Eltern, sonst grundverschieden, aber in dieser Beziehung sehr ähnlich, hatten deshalb nicht die geringste Mühe, uns vor den ideologischen Verführungen des Nationalsozialismus zu bewahren. Damals ging ja durch viele Familien ein tiefer Riß, und daß Kinder ihre Eltern denunzierten, war keine Seltenheit.

Ich werde nie den 30. Januar 1933 vergessen – nicht, weil ich die politische Tragweite des Ereignisses erfaßt hatte, sondern wegen meines Vaters Reaktion. Ich saß mittags bei ihm im sogenannten Herrenzimmer, wo er ein kurzes Schläfchen zu halten pflegte. Das Radio spielte leise; plötzlich kam die Nachricht, daß Hitler zum Reichskanzler ernannt worden sei. Vater fuhr senkrecht in die Höhe, blaß im Gesicht und sagte: «Das ist der Anfang vom Ende.» Das jagte mir einen Schauer über den Rücken, zumal er noch hinzufügte: «Der Kerl wird uns alle ins Unglück stürzen.»

Da Vater in der Privatwirtschaft tätig war, konnte ihm nicht viel geschehen. 1935 fand die deutsche Freimaurerei ein vorläufiges Ende. Durch Hitlersches Verbot wurden ihre Mitglieder nicht für «würdig» befunden, irgendeiner Organisation anzugehören. Vater hätte sich auch ohne das distanziert.

Die Eltern hatten sich angewöhnt, an Stelle des obligatorischen Grußes «Heil Hitler» etwas zu murmeln, was alles mögliche heißen konnte, manchmal aber auch laut und deutlich «Guten Tag» zu erwidern, was zu einigen Denunziationen und Vorladungen durch Parteifunktionäre führte, aber keine ernstlichen Folgen hatte, außer daß man uns bedeutete, man halte uns für «unsichere Kantonisten». Als Vater einmal wieder mit «Guten Tag» geantwortet hatte und dies ausgerechnet einem Parteifunktionär, der sich darüber beschwerte, daß Vaters Firma kein Hitlerbild besaß, seufzte er: «Schade, daß der Kerl nicht Butt heißt, dann hätten die sich das wohl überlegt mit ihrem «Heil». Ich weiß, daß er sich immer wieder Vorwürfe machte, nicht mehr zu leisten als passiven Widerstand – aber er dachte eben in erster Linie an seine Familie und ihre Sicherheit, die er nicht entscheidend aufs Spiel setzen wollte. Im übrigen setzte er Gerüchte über geschehene Greuel nicht in ernsthafte Vorstellungen um. Der unerschütterliche Glaube an das Gute im Menschen hat ihm hier sicher den Blick getrübt. Aber als wir später wissender wurden, habe ich ihm nicht übelgenommen, daß er nicht aktiver geworden war. In seinem Bereich tat er sein Bestes. Er schickte bei Luftangriffen die polnischen deportierten Arbeiter in den nächsten Bunker, wobei er sie anwies, ihre Abzeichen abzunehmen und den Mund zu halten, um sich nicht durch ihr gebrochenes Deutsch zu verraten.

Im Frühjahr 1945 öffneten die Amerikaner, im (irrigen) Glauben, hier handele es sich nur um politische Gefangene, die Gefängnisse, und es wurde bekannt, daß die so Befreiten gesonnen waren, die wenigen unzerstörten Wohnungen zu plün-

dern und zu besetzen. An jenem Morgen kamen einige polnische Arbeiter zu uns in die Wohnung und boten sich an, bei uns zu übernachten und tatsächlich: als die befreiten Gefängnisinsassen prompt erschienen, hieß es: «Dies hier gutte Mann, war immer anständig zu uns. Hier nix zu machen.»
Warum wir noch eine Wohnung hatten?
1944 im Oktober fiel Braunschweig in Schutt und Asche. Die Stadt besaß viele bombensichere Luftschutzbunker, aber Vater wäre es nie in den Sinn gekommen, einen aufzusuchen. In jener Nacht des entscheidenden Angriffs – damals war er nahe den 60 – blieb er im Haus; es brannte in jedem Stockwerk, und Vater übernahm die «Einteilung» der paar männlichen Mitbewohner, alle in seinem Alter und älter, die im ganzen Haus etwa fünfzehn Brandherde löschten, während die Bomben noch fielen. Ich werde nie vergessen, wie wir am nächsten Morgen – ich war gerade zu Hause gewesen, und Vater bestand darauf, daß Mutter und ich in den Bunker gingen – mit nassen Tüchern vor dem Gesicht durch die glühheiße Stadt nach Hause stolperten, an brennenden Ruinen vorbei und uns das Herz immer mehr sank: aber unser Haus stand, als eines der wenigen, und Vater, rauchgeschwärzt und total erschöpft, hatte bereits eine Menge obdachloser Nachbarn aufgenommen und die letzten, sorgsam gehüteten Konserven geöffnet, um für alle einen großen Überlebensschmaus zu organisieren, wie wir ihn seit Jahren nicht mehr gegessen hatten. Auch das ist mir unvergeßlich: sein ungebrochener Optimismus – wir leben, also wird es irgendwie weitergehen, und die Selbstverständlichkeit, mit anderen zu teilen, was man noch hatte.
Schon 1945 erhielt Vater von der englischen Militärregierung die Lizenz, die Freimaurerloge neu zu organisieren, und das tat er mit unvermindertem Schwung.
Bei aller Großzügigkeit und Toleranz konnte Vater jedoch in bestimmten Dingen unerbittlich sein. Zum Beispiel was die Schule anging. Du kannst was – also tu was! Ich lernte schon früh Klavierspielen, und als ich mich der Mittleren Reife näherte, versuchte man, mir auf dem Konservatorium eine Musiklehrerausbildung zu suggerieren. Vater war entsetzt und blieb hart. «Du machst das Abitur!» Ich maulte, hatte die

Schule satt, aber da gab es keine Diskussion. Natürlich hat er recht gehabt; das ahnte ich wohl schon damals, denn ein größerer Konflikt entstand dadurch eigentlich nicht zwischen uns.
Andererseits konnte er sich auch, relativ zur damaligen Zeit, sehr «fortschrittlich» verhalten. Mit achtzehn legte ich die Fahrprüfung ab. Der Prüfer, der Vater gut kannte, war schokkiert. Mußte das sein, so eine Göre und dann schon Führerschein? Als er ihn mir nolens volens aushändigte, sagte er feierlich: «Na, Ihr Vater wird ja aufpassen, daß Sie nicht zu viel Gebrauch davon machen!» Und ich konnte wahrheitsgemäß kontern: «Vater hat ihn mich ausdrücklich machen lassen, damit ich ihn fahre, denn ihm macht das Chauffieren (wie man damals stilvoll sagte!) keinen Spaß!» Der Prüfer schüttelte nur mit dem Kopf. Im Sommer 39, kurz vor der Katastrophe, durfte ich dann mit den Eltern eine herrliche Autoreise kreuz und quer durch Deutschland machen und praktisch am Steuer ganz allein bewältigen, wobei Vater mir keinesfalls dreinredete: etwas, was – zu seinem Glück! – auch später kein Mann an meiner Seite jemals versucht hat. Dies Vertrauen hat mich damals sehr gestärkt und sicher gemacht, und vielleicht ist es darauf zurückzuführen, daß ich mich auch heute noch beim Autofahren ausgesprochen wohl fühle, gern sehr schnell fahre, wenngleich bewußt mit der Absicht: Unfallvermeidung! Es war von Vater sicher psychologisch richtig, einfach «Vernunft» zu unterstellen – eine seiner unbewußten Erziehungsmaximen, und infolgedessen wäre es äußerst unfair gewesen, ihn zu enttäuschen.
In meine Berufswahl – die eigentlich keine echte «Wahl» war; mir ging es aus Kriegsgründen vielmehr damals wie den Numerus-Clausus-Geschädigten heute – mischte er sich nicht ein. Hauptsache, ich machte meinen Weg. Als ich 1945 promovierte, war er stolz und zeigte es deutlich. Auch das war wichtig für mich: daß sich jemand mit etwas, das ihm fern lag (denn Vater war ja mit Leib und Seele Kaufmann und war stolz darauf) so identifizieren konnte. Er traf bei solcher Anerkennung übrigens genau die richtige Mischung: «hochgejubelt» wurde man keinesfalls. Es war ein eher verhaltener Stolz.
Meine männlichen Freunde betrachtete er mit einigem Mißtrauen. Er war eher dafür, daß man sich als Mädchen rar

machte und sagte dies auch – allerdings mit einiger Scheu. Mein späterer Ehemann hatte nur deshalb ein paar mehr Pluspunkte, weil sein Vater gleichfalls Freimaurer war. Vater hat mein Bild vom Manne doch ziemlich geprägt: noch heute kann ich Männer nicht ausstehen, die nicht gern arbeiten, die ungepflegt sind, die sich hängen lassen, die ungütig sind und aggressiv. Auch Männer, die sich selbst allzu wichtig nehmen, geizig sind oder kleinkariert, sind mir zuwider. Ich habe mich also in dieser Hinsicht ganz deutlich und klar an ihm orientiert.

Ja, was hat er mich sonst noch gelehrt? Vater flüchtete sich nie in irgendein Wehwehchen, um sich zu drücken. Pflicht war Pflicht und Spaß war Spaß – das brachte man nicht durcheinander. Wenn ich mir mal in einer Anwandlung von Leichtsinn sage: «Ach, das wird sich schon improvisieren lassen», dann höre ich ihn förmlich wie früher nach dem Abendessen sagen: «Hast du denn schon für morgen die Bücher gepackt?» Für ihn war das ein Symbol: «Bist du dem nächsten Tag gewachsen?» – es war eine Selbstverständlichkeit, daß man «die Bücher packte».

Dann habe ich, glaube ich, durch ihn gelernt, daß Männer Menschen sind und keine Wesen von einem anderen Stern, vor allem keine Feinde. Vielleicht ist er also «schuld» daran, daß ich zum Feminismus keine Beziehung gewinnen kann und daß ich nie Rollenprobleme erlebt habe. Er selbst handelte, ohne es so zu formulieren, etwa nach dem Satz: «Hilf Dir selbst, so hilft Dir Gott», er wucherte gewissermaßen mit dem ihm gegebenen Pfunde und wartete nicht, bis ihm etwas in den Schoß fiel. Auch darin waren sich übrigens beide Eltern völlig einig.

Als er starb, folgten unglaublich viele Menschen seinem Sarg, und viele weinten offenbar ehrlich um ihn. Ein Arbeiter sagte zu Mutter: «Wir haben einen Vater verloren.» Damals habe ich gedacht: es muß schön sein, so gelebt zu haben, daß man vermißt wird, daß die anderen sagen können: das war ein Mensch mit all seinen Fehlern und Schwächen, aber er hat bewußt nie jemand ein Leid getan, er war ohne Falsch und ohne Bosheit. Das ist in meinen Augen noch heute das Beste, das man einem Menschen nachsagen kann. Ich betrachte es als ein Glück, daß ich diesen Vater gehabt habe.

Claudia Reinhold
Der Spieler

Es ist schwierig gewesen, das Leben mit meinem Vater, dem Schauspieler, der nur spielen wollte und nie leben konnte, und mir, dem Mädchen, das nicht weiß, ob es spielen kann oder leben will.

Von einer Reise nach Norddeutschland hatte Cony ein neues Spiel mitgebracht: Rommé. Bei seiner Variante galt die Regel, daß, wenn ein Spieler eine Karte abwirft, derjenige der Mitspieler, der sie für sich beansprucht, mit der Faust auf den Tisch klopfen muß, um sie zu bekommen.

Bewerben sich mehrere Spieler um die Karte, erhält sie derjenige, der zuerst geklopft hat. Bald hatte sich Rommé zum «bösesten» Familienspiel entwickelt. Neid und Zänkereien waren üblich in der einst trauten Spielerrunde (meine Mutter, mein Bruder, mein Vater und ich). Eines Tages, es war im Sommer, als die Rommémannschaft sich wieder einmal im Garten neben dem Schwimmbassin versammelt hatte, verlor Cony ein Spiel nach dem anderen. Er wurde zusehends nervöser und gereizter. Das Entscheidungsspiel nahte. Peinlicherweise verlor er auch dieses mit zwanzig Karten auf der Hand, die er zuvor seinen Mitspielern gierig weggeklopft hatte. Cony machte seinem Ärger in Schimpftiraden Luft, mein Bruder und ich bezeichneten ihn daraufhin als schlechten Verlierer. Vor den Augen der verdutzten Familie warf er nun den Kartenstapel ins Bassin. Meiner Mutter und mir fiel dann die undankbare Aufgabe zu, die Karten wieder aus dem Wasser herauszuholen und sie fein säuberlich in der Sonne zu trocknen, während das Familienoberhaupt sich über seine gelungene Aktion diebisch freute. Mein Vater war nicht unbedingt ein Spieler, er war eher ein spielendes Kind.

Wir hatten ein Ferienhaus in der Rhön. Dort spielten wir häufig Mensch-ärgere-dich-nicht. Cony, mit Herz und Seele

dabei, verlor selten. Als er dennoch einmal unterlag, griff er sich eine seiner roten Spielfiguren, die, wie er uns versicherte, an seiner Niederlage unzweifelhaft die Schuld trüge, legte sie auf einen Holzbock und hackte ihr zur Strafe den Kopf ab. Er besaß allerdings die Fähigkeit, seine eigenen Schwächen zu verspotten. So begrüßte er, wenn er von nächtlichen Abenteuern mit anderen Frauen nach Hause kehrte (und das war nicht selten), die Familie häufig so: «Hallo, euer Schwerverbrecher ist wieder da.» Meistens konnte ihm dann niemand mehr böse sein. Sicherlich nicht zuletzt eine ausgeklügelte Strategie, doch war diese Fähigkeit zur Selbstironie wohl auch der Grund, warum aus ihm nie ein angepaßter Spießbürger wurde.
Seit seinem Tod sehen die meisten nur noch seine guten Seiten. Oft habe ich den Eindruck, die Tochter eines überaus liebenswürdigen Genies zu sein. Dieser unangemessenen Verherrlichung seiner Person schließen sich leider auch Menschen an, die am meisten unter seiner Tyrannei zu leiden hatten. Allen voran meine Mutter. Gerade deshalb muß ich aufpassen, seine negativen Seiten, die fürchterlichen Szenen, die sich in unserer Familie abgespielt haben, und auch deren verheerende Folgen nicht zu vergessen.
Mein Vater, der Spieler, der Schauspieler, hatte in Leipzig ein zweites Kind bekommen nach meiner Halbschwester aus seiner ersten Ehe, und wieder ein Mädchen, mich. Später erzählte mir meine Mutter, es habe ihm sehr weh getan, daß seine Tochter zunächst nicht seinen Namen trug. Deshalb hielt er es für selbstverständlich, daß jetzt geheiratet werden müsse. Meine Großmutter, die Mutter meiner Mutter, warnte vor dieser Ehe. Sie gab meiner Mutter zu bedenken, man könne durchaus ein uneheliches Kind großziehen – sie habe es schließlich auch geschafft mit ihrer Tochter. Dies sei besser als eine schlechte Ehe, wenn der Vater ein Schurke sei. Meine Mutter aber heiratete den Schurken, und ich wurde nun auch offiziell meines Vaters Kind. Ich glaube, daß er völlig unfähig war, die Verantwortung für ein Kind zu tragen. Wenn er Lust hatte, «Familie» zu spielen, kamen ihm die Kinder gerade recht. Wollte er unabhängig sein, waren sie ihm ein Klotz am Bein. Mal gefiel er sich in der autoritären Vaterrolle, ein andermal

machte es ihm Spaß, uns Kinder als seine «Freunde» zu betrachten. Er brachte es fertig, uns mittags mit Freude und Spannung den Moment zu beschreiben, in dem meine Eltern mich gezeugt hatten, und wenige Stunden später meinen Bruder und mich zu beschimpfen, wir hätten sein ganzes Leben zerstört. Sein unsteter Charakter, seine Leidenschaftlichkeit und das Chaos, das er verbreitete, waren für uns Kinder kaum zu verkraften. Ich war etwas geschützt durch die starke Beziehung zu meiner Mutter. Für meinen Bruder hatte die «Erziehung» meines Vaters dagegen schlimme Folgen.

Mein Bruder wurde zweieinhalb Jahre nach mir in Düsseldorf geboren. Meinem Vater paßte ein Kind damals ganz und gar nicht; und dennoch freute er sich über die Maßen, nun endlich einen Sohn zu haben. Dieser Sohn spielte von jetzt an eine besonders wichtige Rolle in seinem Leben. Auf ihn übertrug er all seine Wünsche und Sehnsüchte. Sein erstes Lebensjahr verbrachte mein Bruder – genau wie ich – in einem Kinderheim.

Ich wurde allerdings oft von meiner Großmutter besucht, wohingegen das Heim meines Bruders unter Quarantäne stand. Körperkontakt mit den Babys war verboten. So kam schließlich nach einem Jahr ein ziemlich ängstlicher, kleiner Fremdkörper in unsere Familie zurück. Und sofort begann ein offener Kampf zweier Rivalen um das neue «Kleine»: der meiner Großmutter und meines Vaters.

Meiner Mutter schnitten die beiden den Zugang zu dem Kind völlig ab. Mein Bruder wurde von Anfang an verwöhnt, später regelrecht bestochen. Für die selbstverständlichsten Dinge der Welt, die ein Kind erlernt, wie Schnürsenkel zubinden und mit dem Löffel essen, erhielt er völlig unangemessene Belohnungen.

Als er größer war, flehte man ihn an, sich mal das eine oder andere zum Anziehen kaufen zu lassen, oder man versprach ihm Geschenke, wenn er doch nur mehr essen würde. Für mich war das eine furchtbare Zeit, denn ich fühlte mich ungerecht behandelt. Dieses Gefühl wurde unerträglich. Wir Geschwister lebten wie Hund und Katze zusammen.

Das Idol meines Bruders war mein Vater. Es ging so weit, daß

er mitunter auf Schaufensterpuppen zulief und «Papa» rief. Er wollte so aussehen wie er, mit ihm im Auto fahren, so sein wie er.
Inzwischen hatte ich mich von der Familie abgewandt, ich fühlte mich betrogen. Mein Bruder entwickelte sich zum kleinen Haustyrannen, und wir prügelten uns oft bis an die Grenze normaler kindlicher Auseinandersetzungen. Als ich in die Schule kam, eröffnete sich für mich ein neues Reich. Hier konnte ich mich beweisen. Ich war wissensdurstig und fleißig – lernte für mich, wartete auf keinerlei Anstoß von außen und wurde eine hervorragende Schülerin. Auch für meinen Bruder bedeutete die Schule eine Wende. Von nun an mußte er die von meinem Vater erwünschte Leistung erbringen.
Selbstverständlich wurde vorausgesetzt, daß der Sohn ebenso gute Noten heimbringen würde wie die Tochter. Doch es kam anders: Durch die Übermacht einer auf sich selbst gestellten starken Schwester erdrückt und zugleich bei schlechten Noten als nicht intelligent genug und seines Vaters unwürdig beschimpft, verweigerte er sich den Leistungsanforderungen von nun an völlig. Dies führte bald dazu, daß mein Vater ihn fallen ließ und sich wieder mehr auf seine Tochter konzentrierte, die er überall als *sein* Kind vorzeigen konnte, während mein Bruder allgemein als mißraten galt. Deutlich kann ich mich an eine Situation erinnern, die dafür typisch war: In Düsseldorf wohnte ein Bruder meines Vaters mit seiner Familie. Meine Großmutter, mein Bruder und ich sollten dort einen Urlaub verbringen, mein Vater brachte uns im Auto hin. Kaum waren wir angekommen, wurde ich von meinem Onkel und meinem Vater als der «Superstar» vorgestellt und mußte bald die tiefe Abneigung meiner Cousins und Cousinen und die meines Bruders gegen mich erleben. Ich kam mir vor wie die kleine, dicke, häßliche Prinzessin auf der Erbse. Mein Bruder dagegen wurde allen als abschreckendes Beispiel vor Augen geführt. Einmal hörte ich auch die Erwachsenen hinter vorgehaltener Hand munkeln, mit diesem mißratenen, aggressiven, dreckigen und ungehorsamen Kind lasse sich wohl kaum noch etwas anfangen. Ich war damals, glaube ich, zum erstenmal empört über die Behandlung, die meinem Bruder widerfuhr, obwohl

wir uns noch immer bis aufs Messer bekämpften.
Was man sich im allgemeinen unter Familienleben vorstellt, hat es bei uns nie gegeben. Niemals frühstückten die Kinder mit den Eltern zusammen, da diese durch ihren nächtlichen Beruf gezwungen waren, viel länger zu schlafen als wir. Ein gemeinsames Mittagessen gab es ebenfalls höchst selten, und wenn, kam es oft zu heftigen Auseinandersetzungen. Auch die wenigen Urlaube, die wir gemeinsam mit unseren Eltern verbrachten, zeichneten sich durch Spannungen und Streitigkeiten aus. Ganz andere Verhältnisse hatte ich seit früher Kindheit in einer Pflegefamilie erfahren.
Als meine Eltern nach Frankfurt kamen, suchten sie nach Pflegeeltern für mich. Ich war damals zweiundeinhalb Jahre alt. Mein Bruder war zu diesem Zeitpunkt im Kinderheim in Düsseldorf. Schließlich kam ich zu «Tante Clara» und «Onkel Erich». Die beiden hatten schon eine erwachsene Tochter und freuten sich, so ein «niedliches» Kind wie mich beaufsichtigen und beherbergen zu dürfen. In dieser Familie war alles ganz anders als bei uns. Morgens wurde gemeinsam gefrühstückt, und wenn mein Onkel Erich von der Arbeit nach Hause kam, gab es Abendbrot. Sonntags wurde sogar dreimal am Tag zusammen gegessen und nachmittags gab es Kaffee und Kuchen, den Tante Clara selbst gebacken hatte. Vor allem Onkel Erich gehörte meine große Liebe. Er tat alles das für mich, was ein Vater «normalerweise» für seine kleine Tochter tut. Er baute mir einen Puppenschrank und einen kleinen Küchenschrank. Wenn er seine Blumen im Garten goß, half ich ihm dabei, und bald durfte ich auch das Vogelbecken eigenständig saubermachen. Ich habe ihn eigentlich niemals böse oder auch nur erregt erlebt. Im Gegensatz zu meinem eigenen Vater war er ein ruhiger und ausgeglichener Mensch. Tante Clara, er und ich unternahmen Rheinschiffahrten zusammen, oftmals bastelten wir auch, und nicht selten wurden Karten gespielt. Doch auch hier war es ganz anders als bei uns zu Hause. Es gab keine Verlierer, die ihr Theater spielten, keine hämischen Bemerkungen, wenn einem mal etwas mißlang. Alles war harmonisch, jede Handlung geschah überlegt.
Ich habe Tante Clara und Onkel Erich auch später noch häufig

besucht. Meistens sonntags oder über die Weihnachtsfeiertage, wenn in unserer Familie die «Hölle los war». Ich wollte damals viel lieber in dieser Familie leben als in meiner eigenen, da mir die bürgerliche Ordnung und das harmonische Klima wesentlich besser gefielen als das Chaos bei uns. Vor allem aber war es die Beziehung zu meinem Onkel Erich, die mir wichtig war. Ich glaube, daß ich ihn viel mehr als Vater akzeptiert habe als Cony, der eigentlich nie eine Vater-Figur für mich war. Schließlich starb Onkel Erich – ich war damals zehn oder elf Jahre alt – an einem Herzversagen. Dieser Tod war unendlich schmerzlich für mich, da ich meine zweite oder eher meine erste Heimat verloren hatte. Für mich war dies das erste Mal, daß ich mit dem Tod eines Menschen konfrontiert wurde.

Etwa zwei Jahre später brach unser Familienleben völlig auseinander. Zwar war es auch bis zu jenem Zeitpunkt nicht gerade intakt gewesen, doch nun kam der totale Bruch: Mein Vater fing immer häufiger und offensichtlicher Verhältnisse mit anderen Frauen an. Meine Mutter begann zu trinken. Mein Bruder isolierte sich von Gott und der Welt und schmiedete Mordpläne gegen meinen Vater, den er mittlerweile haßte.

Auch ich begann, völlig mit meinem Vater zu brechen. Hatte ich ihn bisher schon nur widerwillig als Autorität akzeptiert, so fing ich nun an, ihn mehr und mehr zu verabscheuen. In erster Linie auf Grund der gräßlichen Auseinandersetzungen, die er mit meiner Mutter hatte. Ich führte in dieser Zeit häufig Gespräche mit ihr, die sich oft bis drei oder vier Uhr nachts hinzogen.

Langsam begriff ich, welche Zerstörung des Selbstwertgefühls mein Vater in ihr verursacht hatte. Zu häufig ging sie als armseliges, betrunkenes Häufchen Elend ins Bett. Ich erlebte, wie er ihr auf die gemeinste Art Impotenz, Dummheit und berufliche Unfähigkeit unterstellte. Ich war unfreiwillig Zeugin nächtlicher Prügeleien zwischen meinen gänzlich alkoholisierten Eltern. Mein Vater zog sich immer weiter von uns zurück. Immer seltener tauchte er zu Hause auf, und wenn dies geschah, gab es Streit. Ich verlor jedoch nicht nur die Achtung vor ihm, auch meiner Mutter begegnete ich mit immer weniger Respekt. Schließlich erlebte ich sie häufig volltrunken und am

Boden zerstört; vor allem die Tatsache, daß sie meinen Vater vor uns Kindern immer noch mit allen möglichen Geschichten aus seiner Kindheit verteidigte, brachte mich schier zur Verzweiflung. Ich möchte die wohl wichtigste dieser Erzählungen wiedergeben, die sie immer dann als Entschuldigung vorbrachte, wenn Cony meinen Bruder oder mich verprügelt hatte: Mein Vater war bis zu seinem zehnten Lebensjahr in einer Pflegefamilie groß geworden. Er wußte nicht, daß die Leute, bei denen er lebte, nicht seine leiblichen Eltern waren; dies erfuhr er erst, als eine andere Familie erschien und zu ihm sagte: «Du bist unser Sohn, komm mit!» So hieß mein Vater bis zu seinem zehnten Lebensjahr Fritz Friebel und wußte nicht, daß er noch drei Geschwister und drei Halbgeschwister hatte. Frau Friebel, die damalige Mutter meines Vaters, muß nach allen Beschreibungen ein Unmensch gewesen sein. Cony besaß ein kleines Kätzchen, das er sehr liebte. Wie es bei Katzen häufig der Fall ist, trieb auch sie sich hauptsächlich in der Küche herum und stahl ab und zu aus den Kochtöpfen. Dies nahm Frau Friebel zum Anlaß, meinen Vater mit der Katze im Sack zu einem Mann zu schicken. Er legte mit dem geliebten Tier einen weiten Weg in winterlicher Kälte zurück. Schließlich kam er an, ohne zu wissen, daß es sich um die Abdeckerei handelte. Als er dem Unbekannten die Katze vertrauensvoll in die Hände gab, warf dieser sie ins Feuer.

Noch heute beschäftigt mich diese Geschichte und ihre Grausamkeit, die den Zug meines Vaters, dem besonders Geliebten etwas Schmerzliches zufügen zu müssen, aus seiner Kindheit erklärt. Doch für uns Kinder war es schlimm, diese Geschichte aus dem Mund unserer Mutter zu vernehmen, wenn wir uns ungerecht behandelt oder gedemütigt fühlten, oder wenn wir sie so sahen: zerbrochen, ausgelaugt, zerstört von dem Menschen, den sie am meisten liebte.

Uns wurde kaum etwas verschwiegen und die Offenheit, mit der meine Eltern ihre Schwächen zugaben, minderte unsere Aggressionen. Der Ablösungsprozeß, den der Jugendliche in der Pubertät von seinen Eltern vollzieht, war mir in der Form, wie ich ihn von meinen Klassenkameraden kannte, völlig fremd. Ich hatte keine starken Eltern, die für mich ein Ideal verkörperten, sondern schwache, kaputte, dennoch manchmal «revolutionäre», arme, trinkende, sich prügelnde, aber auch geniale Eltern. Ich konnte sie nicht verurteilen, da ich die Hintergründe ihres Versagens, ihrer Aggressivität, ihrer Ablehnung gegen uns kannte. Ich konnte sie kaum angreifen,da ich nur zu gut wußte, wie sehr sie, trotz allem, die Liebe ihrer Kinder brauchten, eine ehrliche Liebe oft, die im gängigen Familienleben keinen Platz hat.

Im Laufe meiner Pubertät entwickelte ich merkwürdigerweise ein äußerst starkes Konkurrenzverhältnis zu meinem Vater. Da ich schon frühzeitig das Bedürfnis hatte, eigene Wege zu gehen, besuchte ich das humanistische Gymnasium: ich lernte Latein und Griechisch und fühlte mich dadurch meinen Eltern überlegen. Das Dilemma, daß ich zu Hause mit meinem Schulwissen angab, in der Schule aber von den politischen Diskussionen profitierte, die bei uns zu Hause geführt wurden, sah ich damals noch nicht. Vielmehr fühlte ich, daß ich für meinen Vater mehr und mehr zu einem gefürchteten Gesprächspartner wurde, da ich gelernt hatte, logisch Argument an Argument zu reihen und Beweise für meine Behauptungen zu liefern. Es stärkte mein Selbstwertgefühl, wenn ich merkte, daß mir Cony in Diskussionen unterlegen war und sich nur noch durch gemeine Seitenhiebe zu helfen wußte.

Das einzige Gebiet, auf dem ich mich meinem Vater unterlegen fühlte, war das der Sexualität. Ich empfand mich damals als wenig attraktiv, zu dick, zu klein, zu häßlich. Mein Vater dagegen wirkte als angehender Vierziger stark anziehend auf Frauen. Er trug sein Haar länger, als es für Männer seines Alters üblich war, hungerte sich überflüssige Pfunde ab, zwängte sich in die engsten Jeans, flitzte mit seinem Sportwagen durch die Stadt und hielt sich durch Schwimmen körperlich fit. Zwischen meinem zwölften und meinem achtzehnten Lebensjahr unternahm ich zahlreiche Abmagerungskuren. Die wesentlichste Bestätigung, die es in dieser Zeit für mich gab, war die Anerkennung meiner guten Figur. Oft hungerte ich bis zum nahen Kreislaufkollaps, bis eine neue Freßphase das mühsam Abgehungerte doppelt und dreifach zurückbrachte. Vor allem die Nörgeleien meines Vaters, ich sei der Moppel der

Familie, trieben mich zu immer neuen Hungerkuren an. Mein Narzißmus kämpfte gegen den Narzißmus meines Vaters. Das Kriegsbeil wurde erst dann begraben, wenn wir uns gegenseitig in unserer Eigenliebe bestätigen konnten. Dieser Punkt war erreicht, als ich mit dem ersten Mann geschlafen hatte. In den Augen meines Vaters war ich jetzt als Mensch und Frau akzeptiert, ich selbst aber fühlte mich ihm nun auf allen Gebieten gewachsen. So kam es, daß ich Selbstbestätigung dadurch erlangte, mit möglichst vielen Männern möglichst oft zu schlafen. Cony entwickelte nun ein merkwürdiges Verhalten mir gegenüber. Auf der einen Seite trat er als autoritärer Vater auf, der sich danach erkundigte, wo ich meine Nächte verbracht hatte und mir etwa die Beziehung zu einem etwas zwielichtigen Araber untersagen wollte; auf der anderen Seite sagte er mir, daß er mich in der oder jener Hose besonders anziehend fände, flirtete mit mir offen auf Festen und fuhr mit mir nachts in irgendwelche Kneipen, wo er sich königlich amüsierte, wenn ihm niemand glaubte, daß ich seine Tochter war.

Die Beziehungen, die ich zu Männern hatte und habe, sind entscheidend durch die Beziehung zu meinem Vater geprägt. In Männer, die ich für schwächer halte als ich mich selbst, kann ich mich grundsätzlich nicht verlieben. Vielmehr suche ich nach Männern, die in meinen Augen schöner, klüger und stärker sind als ich selbst. Innerhalb der Beziehungen zu meinen Märchenprinzen falle ich bald in eine frühkindliche Phase zurück, die sich bisweilen in Daumenlutschen und Babysprache äußert.

Ich suche also zunächst den «Mann meiner Träume» und fühle mich ungemein bestätigt, wenn er sich in mich verliebt. Ich beginne, mich schwach zu machen bis hin zu dem Wunsch, von ihm im Kinderwagen umhergefahren zu werden. Erst wenn deutlich wird, daß auch der «Märchenprinz» Schwächen und Fehler hat, fang ich an zu kämpfen. Ich werde stärker, während er, «abhängig von meiner Liebe», schließlich schwächer wird.

Zuletzt gebe ich die Beziehung auf, in dem Gefühl, ein Stück Selbstbefreiung erlebt zu haben. Der Weg zu mir selbst ist schwerer geworden durch die Beziehungen zu Männern. Oft habe ich den Eindruck, zerstört worden zu sein. Wenn ich die Suche nach mir wieder aufnehmen will, muß ich zurückgehen bis zu jener Zeit, als ich noch nicht mit Männern geschlafen hatte.

Es ist schwierig, mein Verhalten zu verändern, es ist schwierig, mich mit der Rolle meines Vaters auseinanderzusetzen, es ist schwierig, aber nicht unmöglich, den Stempel loszuwerden, der mir von meinen Eltern in punkto Sexualität aufgedrückt wurde, den Akt von Befreiung nicht nur mit den Männern durchzuspielen, zu denen ich eine Beziehung habe, sondern auch mit meinem Vater auszutragen, selbst wenn dies nur in meinem Kopf geschehen kann.

Es bleibt mir die Geschichte seines, Conys, Todes zu erzählen.

Seit der Zeit, da er als Chef der Volksbühne arbeitete (etwa drei Jahre vor seinem Tod), begannen Stress, Alkohol und Tabak ihn förmlich aufzufressen. Kurz vor seinem Tod begleitete er für drei Wochen eine Volksbühnengruppe in die Vereinigten Staaten. Als er von dort zurückkehrte, erlebte ich ihn fast nur noch betrunken.

Eines Tages kam er, nachdem wir ihn beinahe eine Woche lang nicht mehr gesehen hatten, nach Hause und klagte über Herzschmerzen. Ich lag mit meinem Freund im Bett und schimpfte über seine Art, sich als Hypochonder wieder in die Familie einzuschleichen. Die Schmerzen schienen jedoch ernsthafter Natur zu sein, da meine Oma in die Apotheke rannte. Es dauerte noch etwa zwanzig Minuten, bis meine Mutter an die Tür klopfte, um meinen Freund und mich zu Hilfe zu holen. Ich war schockiert, als ich ihn leicht blau angelaufen auf seinem Bett liegen sah. Wir riefen den Notarztwagen und logen uns gegenseitig vor, daß bestimmt alles gut werden würde. Deutlich konnte ich Conys Schmerzen empfinden, er jedoch hatte keine Möglichkeit mehr, seiner Angst Ausdruck zu verleihen. Mit offenen Augen lag er da und röchelte wie ein Baby, sprechen konnte er nicht mehr.

Es war ein Bild des Entsetzens, das ich niemals vergessen werde. Schließlich kam der Notarztwagen, der Arzt befahl uns, aus dem Zimmer zu gehen. Ich erinnere mich noch an die

Worte meiner Mutter. Sie jammerte, Cony dürfe nicht ins Krankenhaus, sonst müsse das Theater vielleicht geschlossen bleiben. Ich ging mit meinem Freund ins Bad, um unseren Hund von Arzt und Sanitäter abzuhalten. Mein Freund sagte mir sofort, daß mein Vater wohl sterben würde. Ich begann zu weinen: Der Schock war kurz und gewaltig: nach langer Zeit kam der Arzt aus Conys Zimmer und verließ uns mit der lakonischen Bemerkung: «Ja, er ist halt tot.» Damals, ich war siebzehn, wurde ich zum zweiten Mal mit dem Tod eines Menschen konfrontiert, dem meines zweiten oder eher meines ersten, leiblichen Vaters.
Ich benötigte ungefähr ein Jahr, um zu begreifen, daß er tatsächlich tot war. Noch heute träume ich, daß er mir irgendwo zufällig begegnet und zugibt, sich heimlich lange Zeit zurückgezogen zu haben – unerkannt von allen.
Nach seinem Tod stellten wir fest, daß er viel Geld gespart und wohl vorhatte, nur noch kurze Zeit zu arbeiten und sich dann von seiner Familie und seinem Beruf völlig zu trennen, irgendwohin zu gehen, anders zu leben.

Christel Schütz
Siegfried

Um die Telefonkosten zu verringern, hat Siegfried der Tochter einen gebrauchten Kassettenrecorder geschenkt. Kassetten kann man als Drucksache zu ermäßigter Gebühr schicken, das ist billiger als Briefporto, sagt Siegfried.
Sie spult das Tonband zurück, baut das Mikrofon auf, setzt sich davor und wartet, daß ihr etwas einfällt.
Erzähl mir was von dir, hat Siegfried auf dem beigelegten Tonband gesagt. Was soll sie ihm sagen? Soll sie von ihrer Arbeit sprechen? Soll sie ihm erzählen, daß sie gerade an einem Buch über den Faschismus arbeitet? Soll sie ihm sagen, daß sie mit dem Buch angefangen hat, weil sie bis heute nicht weiß, welche Rolle er damals spielte? Weil «zu Hause» dieses Thema immer tabu war? Nein, das geht nicht, das geht vielleicht später einmal, wenn das Buch fertig ist, in einem Gespräch, in dem man sich sehen kann.
Was soll sie ihm sagen? Schreiben ist viel einfacher: Wie geht es euch? Habt ihr viel Arbeit? Ist die Kanalisation fertig? Fragen, deren Antwort man kennt. Sie auf ein Tonband zu sprechen, ist albern, da muß man etwas erzählen und nicht fragen.
Soll sie ihm sagen, daß sie sich zwei Klavierkonzerte von Mozart gekauft hat? Das interessiert ihn nicht, weder Mozart noch der Kauf von Schallplatten. Er hat Kassetten. Fertige, vom Kaufhof, Operetten und Stimmungsmusik. Außerdem ist das für einen Tonbandbrief kein guter Anfang.
Sie sollte ihm eine Geschichte erzählen. Etwas von sich und von ihm. Etwas über ihre Angst vor ihm.
Sie drückt auf die Mikrofontaste, beinahe geräuschlos beginnt sich das Band zu drehen.
Ein Kind hockt in einer Wasserpfütze und spielt. Immer wieder versucht es, eine winzige Puppe in das Papierschiffchen zu

setzen, damit sie auf große Fahrt gehen kann. Aber das Schiffchen ist zu klein und nun auch schon fast durchgeweicht. Das Kind blickt sich um und lauscht, dann sucht es sich kleine Stöckchen, um wenigstens diese auf das Meer hinauszuschikken. Damit geht es besser. Es scharrt mit seinen Gummistiefeln Sand zusammen und formt aus dem Matsch eine Fahrrinne. Auf der Straße ist es still. Mittagsruhe. Die anderen Kinder schlafen. Das Mädchen hat die Pfütze ganz für sich. Wieder schaut sie hoch, späht die lange Straße entlang und bückt sich wieder über ihr Spiel. Eigentlich sollte sie jetzt auch schlafen, oder, wie man ihr gesagt hat, ruhen. Erst Sahnemilch trinken und dann ruhen, weil sie so blutarm ist. Beides kann sie nicht ausstehen. Und weil die Eltern nach dem Essen in ihr Friseurgeschäft zurückfahren, spült sie die Sahnemilch in die Toilette und schleicht an Oma Idas Tür vorbei auf die Straße.
Sie mag diese Stunde, wo ihr der Sandberg gehört, in den man Höhlen graben kann, die niemand zerstört. Die Wasserpfütze ist ihr Meer, und keine der Aufpaßmütter kann ihr drohen, wenn sie im Matsch spielt. Trotzig schiebt sie das Stöckchen durch die Rinne. Sie hat Angst. Matschen ist verboten. Und Matschen, wenn sie eigentlich ruhen soll, ist noch mehr verboten. Siegfried hat gesagt, daß sie nie richtig gesund wird, wenn sie nicht ruht. Und das kalte Wasser macht auch krank. Und schmutzig.
Manchmal macht Siegfried Kontrollfahrten. Siegfried hat ein Fahrrad mit Hilfsmotor. Darum unterbricht sie immer wieder ihr Spiel und lauscht. Der Hilfsmotor ist sehr laut, aber die Straße ist so lang, daß sie ihn immer erst hört, wenn Siegfried sie schon sieht. Dann gibt es Schimpfe und Ärger. Manchmal auch Schläge. Deshalb muß sie immer wieder in die Stille hineinhorchen, damit sie schnell ins Haus laufen kann. Bisher hat sie das noch nie geschafft. Und obwohl sie sich nach jeder Kontrollfahrt vornimmt, ihre Versprechungen einzuhalten und zu ruhen, schleicht sie sich immer wieder hinaus. Doch dann muß sie den Sandberg nicht gegen andere Kinder verteidigen, sondern gegen ihre Angst.
Das Papierschiffchen ist gestrandet. Vielleicht ist in der Mülltonne noch ein Rest Zeitung von gestern. Der Deckel darf nicht

klappern, sonst wacht Oma Ida auf und schimpft.
Plötzlich ist das Geräusch da. Das Geräusch, bei dem sie immer einen Klumpen im Magen spürt und das unweigerlich Siegfried auftauchen läßt. Diesmal wird sie es schaffen. Sie rennt gebückt ins Haus, die Treppe hinauf, Wohnzimmer, Schlafzimmer, Bett. Sie muß jetzt so tun, als ob sie fest schliefe. Geräuschlos schlüpft sie in das Bett, die Schritte sind schon auf der Treppe. Sie rollt sich in Schlafhaltung und spürt neben der Angst ein Gefühl von Müdigkeit. Sie wickelt sich fest in die Decke ein, damit Siegfried nicht sieht, daß sie gar nicht ihr Nachthemd anhat. Er steht vor ihrem Bett. Warum geht er nicht wieder? Er sieht doch, daß sie liegt, daß sie die Augen zu hat, daß sie ruht. Er darf nicht merken, daß sie wach ist, dann wird er ungemütlich. Ich kann auch ungemütlich werden, sagt er immer, wenn er es schon längst ist. Endlich bewegt er sich. Der Kunstledermantel knarrt. Geht er? Ganz vorsichtig öffnet sie die Augen zu einem winzigen Spalt. Siegfried hat sich halb abgewandt. Langsam blickt sie an dem grünen Mantel hoch und wirft einen raschen Blick auf sein Gesicht. Er lächelt.
Vor Erstaunen hätte sie beinahe die Augen weit aufgerissen. Er lächelt, so wie sie es noch nie gesehen hat. Verstört hört sie, wie sich die Schritte entfernen, bleibt aber weiter unbeweglich liegen. Als das Motorengeräusch nicht mehr zu hören ist, stützt sie sich auf, noch immer verschreckt und ohne zu begreifen. Die Bettdecke, die sie sich sorgfältig, damit er ihren Pullover nicht sieht, um den Hals gestopft hat, hängt halb auf dem Boden. Das Laken unter ihren Gummistiefeln ist feucht und schmutzig. Aber er hat gelächelt, er ist hinausgegangen und weggefahren, er hat nicht geschimpft. Sie schaut an sich herab, auf ihre dreckigen Hände, den alten Pullover und die schlammigen Stiefel. Sie lacht auf, und im Lachen begreift sie. Er hat nicht geschimpft. Ihre Angst hat ein Loch bekommen.
Sie stellt das Tonband ab. Füttert erst mal die Katze. Das Band ist noch nicht einmal zur Hälfte voll. Erzähl etwas von dir, als ob das so einfach wäre! Sie legt eine Schallplatte auf. Siegfried. Wer ist das eigentlich? Siegfried ist Friseur, er ißt gern und wiegt sicher drei Zentner. Er hätte lieber einen Sohn gehabt. Hat sie ihn geliebt? Eine Zeitlang sicherlich. Wenn er beim

Fotografen so lange Fratzen schnitt, bis sie lachen mußte, oder wenn er die von ihr mühsam aufgezogene Perlenkette stolz umlegte und auch im Friseurgeschäft nicht abnahm, oder als er ihr ein altes Fahrrad zusammenbauen ließ, zu einer Zeit, in der sie unbedingt Kunstfahrerin werden wollte.

Später konnte ich dich nicht ausstehen. Daß du dich nicht von deinem Geld trennen konntest. Ich war immer die letzte, die die Schülerkarte bezahlte. Jeden Morgen mußte ich neben dem Frühstückstisch warten und um das Geld bitten. Danach mußte ich dankbar sein. Abends wartete ich wieder, neben der Kasse im Friseurgeschäft. Die Mutter hatte einen Einkaufszettel geschrieben. Hinter jeden Posten hatte sie den genauen Preis gesetzt, und du hast zwischen zwei Haarschnitten alles genau nachgeprüft. Und ich erklärte, warum die Margarine schon wieder alle war oder warum das Waschpulver, das die Industrie in solchen Mengen herstellt, so teuer war. Die Diskussionen um die Anschaffung eines neuen Pullovers dauerten oft wochenlang. Deine Frau brachte sich das Nähen bei, weil ein Kleiderstoff billiger ist als der Kauf von Kleidern. Ich dachte, wenn ich selber Geld verdiene, werde ich endlich von dir unabhängig.

Aus. Sie muß sich erst einmal erholen. Eine Flasche Bier aus dem Eisschrank nehmen, eine Zigarette rauchen. Die Katze rauslassen. Sie hätte sich nicht darauf einlassen sollen. Aber nachdem einer seiner Bekannten von seiner Tochter in Afrika besprochene Bänder bekommt, hat ihn diese Idee nicht mehr losgelassen.

Ich kann dir nichts von mir erzählen, aber ich will versuchen, dir zu sagen, warum ich es nicht mehr kann. Du hast mir Angst gemacht, du hast mich geliebt, du hast mich unterdrückt. Und du hast mich fünf Jahre eingesperrt. Erinnerst du dich? Es war ein verregneter Sommer und die beiden Schulfreundinnen aus dem Dorf waren ans Meer gefahren. Ich beneidete sie. Ich wollte baden gehen, lesen, durch den Wald laufen. Aber die Mutter wurde im Geschäft mehr denn je gebraucht, und man nahm die Gelegenheit wahr, mich in die Haushaltsführung einzuweisen. Es war nicht viel Arbeit, und ich hatte den ganzen Tag Zeit dazu. Natürlich habe ich das nicht gern gemacht, aber schlimmer war, daß ich mit niemandem sprechen konnte. Ich war traurig. Ich vergrub mich immer tiefer in meine Traurigkeit. Ließ mich auf Diskussionen ein, die ich eigentlich nicht mehr mit dir führen wollte, vor allem politische. Ich war aufsässig und zeigte deutlich, daß ich unzufrieden war. Dazu dieser endlose Regen. Ich wollte älter sein, frei, Geld haben, um Bücher zu kaufen, Menschen finden, mit denen ich sprechen konnte. Und all das war so weit entfernt. Trotz aller abschrekkenden Geschichten, die darüber in meinen Mädchenbüchern standen, wollte ich in ein Internat gehen. Dort gab es, so hatte ich gelesen, wenigstens eine Erzieherin, die mit den Kindern redete. Deine Welt des Geldverdienens, Sparens und der Ordnung machte mich elend: Das gehört sich nicht. Du hast Herrn Meier schon wieder nicht gegrüßt. Wir werden dir deine Flausen schon austreiben. Doch den Mut, einfach wegzugehen, wie in den Abenteuerbüchern, hatte ich nicht. Den hatte deine Erziehung mir schon ausgetrieben. Du wolltest, daß alles seine Ordnung hat. Erst mal die Schule fertig machen: Dann überleg dir gefälligst, welchen Beruf du ergreifen willst. Du befahlst mir eine Dauerwelle, weil ich nicht wie eine Hure herumlaufen sollte. Ich sollte mich endlich wie eine junge Dame benehmen, nicht immer Hosen anziehen. Mit einem Mal war ich nicht mehr dein Kind, sondern eine übergeschnappte Göre.

Und dann hast du mich geschlagen. Wir sind beide jähzornig. Eine Kleinigkeit hatte die Explosion ausgelöst. Von da an wollte ich weg. Du hast es verboten. Ich war dein Eigentum, so lange, wie es das Gesetz erlaubte. Aber ich hatte keinen anderen Gedanken mehr, als wegzugehen. Erst fünf Jahre später war es soweit. Die blauen Flecken waren längst nicht mehr zu sehen, aber für mich waren sie noch dunkler geworden.

Das Tonband ist abgelaufen. Sie nimmt es aus der Halterung, legt es in eine leere Schublade, legt ein neues ein und beginnt:

Hab Dank für dein Päckchen. Ich hoffe, es geht dir gut. Mit der Kanalisation bist du jetzt sicher fertig. Ich habe im Moment so viel Arbeit, daß ich leider keine Zeit habe, ein ganzes Band zu besprechen. Aber vielleicht rufe ich in den nächsten Tagen einmal an.

Ingrid Zwerenz
Verkaschelt

Vier Söhne hatte meine Mutter schon geboren, drei starben gleich wieder. Der Älteste blieb am Leben. Vater und Sohn waren sich einig im Wunsch, daß ein Mädchen in die Familie mußte. Sonst hatten sie nicht viel gemeinsam.
Als ich endlich zur Welt kam, sah es aus, als wollte ich mich sofort wieder davonmachen. Siebenmonatskind. Zweieinhalb Pfund Lebendgewicht. Das Säuglingskrankenhaus lag in der Nachbarschaft, aber da sie ihnen dort schon drei Jungen zu Tode gepflegt hatten, war das Vertrauen meiner Eltern in die Fähigkeit der Mediziner etwas erschüttert. Mich wollten sie behalten, deshalb behielten sie mich daheim.
Die Familie als Brutkasten. Ich brauchte viel Wärme. Im Kinderbett verschwand ich zwischen den Kissen. So geht das nicht, sagte mein Vater. Er war nicht sehr praktisch veranlagt, wuchs aber in Notfällen über sich hinaus. Ich war ein Notfall. Vater und Bruder packten mich in einen Wäschekorb, der kam ins viel zu große Kinderbett. Ringsum Wärmflaschen. Die schützende Mutterbauchhöhle, von mir viel zu früh verlassen, wurde vom Vater nachgebaut.
Ich war auf der Welt, aber erst zu zwei Dritteln fertig. Na, sagte meine Mutter, ein richtiges Kind wirst du schon, bloß winzig, ein Köppel wie ein Tennisball. Köppel ist schlesisch, hochdeutsch heißt es Köpfchen.
Die Nachbarn wußten nicht, ob sie gratulieren oder kondolieren sollten. Ach Herr Hoffmann, flüsterten sie, die bleibt Ihnen doch nicht, wo Sie sich so auf Ihre Tochter gefreut haben.
Das wollen wir erst mal sehen, sagte mein Vater erregt und verhaspelte sich beim Sprechen wie immer, wenn ihm etwas nahe ging. Nicht daß er stotterte, aber die Worte kamen ihm dann nicht flüssig von den Lippen. Sensibel war er und nervös. In der Kindheit und Jugend muß das noch schlimmer gewesen

sein. Er hat ja dann, erzählt mir später meine Mutter, diesen Kursus in Dortmund mitgemacht, in unserer Verlobungszeit, das kostete viel Geld. Meinen schweren goldenen Ring hab ich verkauft, damit er die Reise und den Sprecherzieher bezahlen konnte. Geholfen hat ihm der Mann, und dein Vater wohnte bei der Familie, konnte dort nur nichts essen, weil neben dem Suppentopf der Kessel mit den Kinderwindeln auf dem Herd brodelte. Bei seinen eigenen Schwestern brachte er keinen Bissen runter, wenn Säuglinge im Haus waren –

Na, sag ich, da hatte ich ja Glück, daß er sich nicht vor meinen vollgeschissenen Windeln ekelte –

Bei dir doch nicht, sagt Mutter, über dich freute er sich wie verrückt. Und einmal, du warst knapp drei Jahre, er hatte dich im Kindersattel auf seinem Fahrrad, du bist eingenickt, er lehnte das Rad an den Zaun, nur für einen Moment, du bist ihm schlafend vom Fahrrad gekippt und auf den Boden gefallen. Ich dachte, er bringt sich um. Wie ihm das passieren konnte. Den Doktor hat er gleich geholt und der mußte dich überall abklopfen –

Hoffentlich war mein Kopf um diese Zeit schon etwas größer als ein Tennisball, sag ich. – Jetzt ist Mutter beleidigt. Du hattest doch alles aufgeholt, niemand merkte dir mehr an, was für ein winziger Säugling du gewesen bist. Du nahmst dir Zeit mit dem Laufenlernen, gesprochen hast du, da konnten die gleichaltrigen Kinder im Haus noch nicht einmal Mama und Papa sagen.

Offensichtlich war ich mit der Zunge flinker als mit den Füßen. Die ersten Schuhe, die ich brauchte, als ich mich dann doch entschloß, meine Beine zu gebrauchen, kaufte mir ein Onkel, der Bruder meiner Mutter, nicht mein Vater. Der war zwar guten Willens, doch nicht gut bei Kasse. Zum Teil lag das an dem knappen Gehalt, das er als Justizangestellter nach Hause brachte, zum Teil daran, daß er bei Dienstschluß nicht immer auf geradem Wege nach Hause kam. So viele Weinstuben und Destillen lockten zwischen Gericht und Wohnung, und Vater konnte schwer nein sagen. Das war günstig für mich, weil er mir selten einen Wunsch abschlug, doch sich selber gestand er auch zu, was er wollte. Er trank gern einen. Schön, ich bin

verkaschelt, merkte er nach seinen durchzechten Nächten entschuldigend an, aber es hat mich keinen Pfennig gekostet. Ich war eingeladen. Das mußte nicht geschwindelt sein.
Als ich ihn kennenlernte, sagt meine Mutter bitter, war er der solideste Mensch von der Welt. Alkohol gab's überhaupt nicht für ihn. Gedichte hat er gemacht und Dramen geschrieben, außerdem war er arbeitslos und mein Schwager besorgte ihm endlich den Posten bei Gericht. Aber *sein* Bruder schickte ihn in die Kneipen zum Kassieren, der hat ihn auf dem Gewissen. Überall standen die Apparate von Automaten-Paule, und wenn der jüngere Bruder kam, zum Ausleeren, blieb's nicht bei einem Glas. Die Wirte hielten ihn frei. Geld hat ihn das Saufen zuerst nicht gekostet, nur die Gesundheit. Paul durfte morgens bis in die Puppen schlafen. Vater mußte in den Dienst. Das Kneipenhocken tat ihm nicht gut. Nachdem er einmal damit angefangen hatte, hörte er nicht wieder auf. Und natürlich ließ er auch manche Mark in den Lokalen, die fehlte mir in der Haushaltskasse. *Mein* Bruder steckte mir Geld zu, wo er konnte, der hat nicht nur deine ersten Schuhe bezahlt . . .
Ich hab dann Heimarbeit angenommen, schließlich war ich gelernte Putzmacherin, nähte Babyhäubchen mit Schlingen und Schleifchen, saß nächtelang an der Nähmaschine, ich verdiente ganz schön und dein Vater haute das Geld auf den Kopf. Brachte auch meinen Lohn durch, nicht nur mit Trinken, betont Mutter, in den Gaststätten fanden sich 'ne Menge Freifrauen . . .
Ich lernte erst viel später, was sich hinter den «Freifrauen» verbarg. Als Kind war ich entweder blind oder blöd. Ich sah nur meinen guten Vater, kann mich aus den frühen Jahren nicht erinnern, ihn je betrunken erlebt zu haben.
Zwist zwischen den Eltern?
Eine duftende Dame besuchte uns, Arbeitskollegin des Vaters bei Gericht. Sie lehrte mich einfädeln und ich verstand nicht, weshalb meine Mutter nicht ebenso begeistert war wie ich, daß ich jetzt den Garnfaden in die Nadel brachte. Keine Ahnung kam mir, daß dieses sympathische Fräulein dabei war, die Ehe meiner Eltern auseinanderzubringen. Ich hab nicht mitgekriegt, wie Mutter es schaffte, die Einfädel-Lehrmeisterin aus-

zustechen. Ich empfand eine heile Familie, einen vollkommenen Vater.
Später änderte sich das; in dem Maße, in dem ich heranwuchs, schien sich der Vater zu verkindlichen, wurde zum Väterchen, endlich zum Großväterchen. Die Verkleinerungsform klang zärtlich, es schwang aber Mitleid darin und leise Verachtung.
Alle seine Schwächen traten zutage: Nikotin, Koffein, Alkohol. Koffeinsüchtig war auch meine Mutter. In Kriegszeiten hingen die Eltern seelisch und körperlich durch, wenn Bohnenkaffee um keinen Preis aufzutreiben war. Sie schluckten ersatzweise Migränepulver. Damals schwor ich mir, niemals abhängig von so einem verdammten Aufputschmittel zu werden. Ewig hat der Vorsatz nicht gehalten, Bohnenkaffee trank ich ab fünfundzwanzig, der Abscheu vor Alkohol und Zigaretten wirkte länger. Späte Genugtuung für den Vater, dem ich im Größerwerden mehr und mehr vorgeworfen hatte, wie klein er sich mache mit seiner Sucht nach Glas und Glimmstengel.
Äußerlich blieb er gut beieinander, wollte auch nicht altern; der Schock, als ein kleiner Junge zu dem knapp Fünfzigjährigen sagte: Guten Tag, Opa! traf ihn tief.
Die Anrede war tatsächlich ungerecht, er hatte nichts Opahaftes. Begann den Tag mit einer eiskalten Dusche, eine gute Gewohnheit, die ich von ihm übernommen habe, er radelte und schwamm ausgiebig. Über Jahrzehnte hin machte ihn das Kneipenhocken doch nicht so zuschanden, wie Mutter in ihrem Grimm vermutete. Er wollte nicht altern, auf seinem Grabstein haben sie ihn ein Jahr jünger gemacht. Der Beerdigungsunternehmer und Steinmetz in Nieder-Roden, wo Vater «die letzte Ruhe» fand, meißelte als Geburtsjahr 1899 statt 1898 in die Urnengrabplatte. Der gute Mann, selbst der Flasche nicht abgeneigt, hatte einen in der Krone, als ich ihm die Daten diktierte.
Von Liegnitz in Nieder-Schlesien bis zum Friedhof in Nieder-Roden war ein weiter Weg. Viele Wohnorte lagen dazwischen, vielerlei Beschäftigungen. Der gelernte Kaufmann und langjährige Justizangestellte Kurt Hoffmann bewährte sich in manchen Berufen, bis er in den Genuß einer ansehnlichen Pension

kam, an der er sich fast ein Jahrzehnt gütlich tun konnte.
Mutter hatte daheim oft zu ihm gesagt: Was das schon ist, deine Arbeit – Federhalter schwingen. Es klang ein wenig hämisch und stimmte nicht; er besaß zwar eine ausnehmend gute Handschrift, arbeitete jedoch vor allem an der Schreibmaschine, die er, ebenso wie Stenografie, perfekt beherrschte. Fertigkeiten, von den unabweisbaren Vorgesetzten hochgeschätzt. Häufig diktierten sie ihm bloß Stichworte und konnten sich darauf verlassen, daß sie am Ende den ausgebauten, ausgefeilten Schriftsatz nur noch unterzeichnen mußten.
Ein paar technische Tricks hab ich von ihm übernommen. Die erste Seite, sagte Vater oft zu mir, wenn ich tippte: Runterrasseln, ausspannen und wegschmeißen. Danach klappt es!
Er arbeitete im Ehescheidungsressort, und so sehr ihm der Schnaps mitunter die Zunge löste, über juristische Interna plauderte er nie etwas aus. Das ärgerte seine Frau. Liegnitz, meine Geburtsstadt, war kein Nest, hatte über hunderttausend Einwohner, aber man kannte sich, und wer sich mit wem verband oder wer sich von wem trennte, das war interessant, aber für den Justizangehörigen Hoffmann tabu.
Ein braver, angepaßter Angestellter? Nazi war mein Vater nie. Wir wohnten in einer Beamtensiedlung, und ringsum motzten sich ab 1933 Briefträger zu Befehlshabern auf.
Herr Hoffmann, mahnte die Nachbarin unter uns, Sie müssen Rundfunk hören, der Führer spricht! Das war eine von den Frauen, die sich mitleidig über meine zweieinhalb Pfund Lebendgewicht im Wäschekorb/Kinderbett gebeugt und mein baldiges Ableben verkündet hatten. Als ich nicht starb, sondern laufen lernte, beschwerte sich Frau Herwig, daß bei ihr die Lampen wackelten, wenn ich durch die Wohnung rannte.
Rutschen Sie mir den Buckel runter, sagte mein Vater, und das konnte sich sowohl auf die Mahnung zum Anhören der Führerrede beziehen als auf die Klage über den Lärm.
Herr Herwig, der ehemalige Briefträger, war aufgestiegen in der braunen Hierarchie und seine Frau spuckte große Töne.
Im Parterre des mehrstöckigen Siedlungshauses gab es noch eine Familie Hoffmann. Die hatte einen Sohn und der war einer der frühen Chauffeure von Adolf Hitler. Die alte Frau Hoff-

mann schenkte mir manchmal eine Praline: Die mußt du mit Verstand essen, sagte sie wichtig, die kommt direkt vom Führer! Ich machte mir schon als Kind nicht viel aus Konfekt.
Vielleicht hatte Vater nur Glück mit seinem Oberstaatsanwalt, der ebenfalls nicht der Partei angehörte. Oder er wurde durch sein Ehescheidungsressort vor politischen Verwicklungen geschützt. Jedenfalls blieben wir guten Gewissens da, als die Rote Armee in Liegnitz einmarschierte. Unser Vertrauen bezahlte Vater mit drei Jahren Sibirien, eingesperrt als Zivilinternierter. Als er zurückkehrte, hatte er Wasser in den Beinen, einen kaputten Kreislauf und den Drang, uns das bißchen Fleisch wegzuessen, das der Nachkrieg auf den Tisch kommen ließ.
Diesen Menschen kannte ich nicht, egoistisch aus Lebensangst, hungrig wie ein Tier. Ein Tier, das seinen Jungen das Futter wegnimmt. Nach einigen Monaten verlor sich die Gier, aus dem eigensüchtigen, nahrungssüchtigen, herrschsüchtigen Kranken entwickelte sich langsam wieder ein Mann, der sich um Frau und Töchter zu sorgen begann.
Als ich sieben Jahre alt war, hatte ich noch eine Schwester gekriegt, die war also das Nesthäkchen. Was heißt da Nest. Wir kamen im Nachkrieg zwangsläufig viel rum in der Welt, aber wir kamen einigermaßen durch. Nicht zuletzt war das Vater zu danken, der Pilze suchen ging und in solchen Mengen herbeischleppte, daß wir sie trockneten und aufbewahrten. Eiweiß aus dem Wald, nicht nur willkommene Bereicherung des Speisezettels, sondern wochenlang das einzige Gericht, das draufstand.
Früher ein erholsames Hobby, wurde das Pilzesammeln jetzt ein lebensgefährliches Unterfangen in den vom Kriege her verminten Wäldern.
Wir lebten damals an der Oder-Neisse-Grenze, auf polnischer Seite, und Vater arbeitete im Babina-Büro. War Buchhalter fürs Kohlebergwerk, schwang wieder den Federhalter, wie Mutter es nannte. Nicht um scheidungswillige Ehepaare auseinanderzudividieren, sondern um lange Zahlenkolonnen zusammenzurechnen. Lohnlisten von so riesigen Ausmaßen, daß wir zwei Tische zusammenrücken mußten, um sie auszubreiten. Nächtelang hockte er über der Rechnerei, die erschwert

wurde, weil es winzig kleine Spalten und Zahlen auf dem Papier gab und in der Wohnung kein elektrisches Licht. Wir brannten Karbidlampen, damit versorgte die Babina ihre Werksangehörigen. Auch sonst mit dem Nötigsten. Unnötiges kam dazu: Wodka. Alle seine Jobs verführten den ohnehin leicht Verführbaren zum Trinken. Die polnischen Kollegen schätzten den zuverlässigen und fleißigen Mann, der sich Arbeit mit nach Hause nahm, war sie während der Bürozeit nicht zu schaffen. Soviel Eifer mit den Lohnlisten mußte belohnt werden: Nasdrowje! Prost!

Noch immer bekam ich den Vater nicht betrunken zu Gesicht. Er hatte je sieben Kilometer Fußmarsch morgens in die Babina und abends zurück nach Hause. Besonders im Winter bei Schnee, Eis und klirrender Kälte wirkte der Heimweg ernüchternd.

War er nicht mit seinen Zahlen beschäftigt, kümmerte sich Vater darum, was ich für Bücher las. Ich konnte zweieinhalb Jahre lang keine Schule besuchen, war aber zum Glück bei der Aussiedlung aus Liegnitz schon lese- und schreibkundig. An Lektüre kam man recht leicht heran, durchsuchte die von ihren Bewohnern verlassenen Häuser. Bücher hatte keiner mitgenommen bei der Flucht über die Neisse-Brücken nach Deutschland.

Ich schleppte alles Lesbare an, das mir unter die Finger geriet. Meinetwegen, sagte Vater stirnrunzelnd, zwei, drei Bände Courths-Mahler, man kann das mal gelesen haben, aber denk dran, es ist keine Literatur.

Literatur brachte er mir aus der Volksbücherei in Dahme, wohin wir von Polen 1947 umgesiedelt worden waren: die großen Franzosen, die großen Russen, beide Brüder Mann, Feuchtwanger . . . Gut sortiert waren die ersten Bibliotheken auch in kleinen Städten des anderen Deutschland. Deutsche Demokratische Republik wurde es zwei Jahre später, da hatte Vater längst wieder eine Stellung bei der Sparkasse, und meine Schwester und ich hatten unseren Platz in der Schule. Mit Büchern versorgte mich Vater weiterhin; merkwürdigerweise ging ich nie selbst in die Volksbibliothek, verließ mich völlig auf seine Auswahl und fuhr nicht schlecht dabei.

War sein literarisches Interesse in der Jugend groß genug gewesen, Gedichte und Dramen zu verfassen, besaß er andererseits genügend Geschmack, die dichterische Eigenproduktion in die Bodenkammer zu verbannen. Die heimatliche Bodenkammer war wie das ganze Liegnitz für uns verloren. Bücher las mein Vater immer, nicht in solchen Mengen wie ich, aber er kannte sich aus und war imstande, mit mir darüber zu reden. Wie er mich als Zweieinhalbpfund-Säugling mit der nötigen Sorgfalt körperlich gepflegt hatte, ließ er es sich nicht nehmen, auch meine frühe geistige Entwicklung zu betreuen. Nebenbei sah er darauf, daß seine Tochter nicht nur eine Leseratte, sondern auch eine Wasserratte wurde. Von einem seiner ersten Gehälter bei der Sparkasse opferte er die Schwimmkursgebühr für mich, begleitete mich zum Baden und zog mit mir zusammen geduldig Bahn um Bahn. Ich schwamm bald recht gut und sicher, traute mich aber nicht zu springen. Das Einmeter-Brett bewältigte ich gerade noch, das Dreimeter-Brett flößte mir Entsetzen ein. Ich hatte inzwischen Freundinnen und Freunde gefunden im neuen Wohnort, die scheuchten mich auf den Turm, redeten mir gut zu, packten mich bei meinem Stolz, versprachen Belohnungen, wenn ich nur eine «steife Puppe» von dem verdammten Dreimeter-Brett wagte.

Ich glaub, ich hockte angstzitternd an die vier Stunden auf dem Holzgerüst über der dunklen Wasserfläche. Als ich meinem Vater von dem schrecklichen Nachmittag auf dem Turm erzählte, meinte er, Springen ist nicht so wichtig, beim Schwimmen mußt du dich behaupten, das übe! Weißt du, Ingerle, als ich vor Jahren in der Oder in den Strudel geraten bin, hätte mir ein noch so vollendeter Hechter überhaupt nichts genutzt, nur die Ruhe, mich runterziehen zu lassen und abzuwarten, bis das Wasser den Körper wieder hochtrieb, und dann mit kräftigen Stößen weg vom Sog. Aufs Schwimmen kommt's an, die begeisterten und glänzenden Springer sind ein Sonderfall, was nützen denen ihre Fähigkeiten am Meer?

Es scheint mir, als sei dieses Gespräch eines der letzten gewesen, wo das «Ingerle», damals zwölf Jahre, voller Vertrauen zum Vater lief und Rat wie Trost heischte, die er auch spendete. Später entwickelten wir uns voneinander fort, er enttäuschte

mich, ich ihn vermutlich ebenfalls.
Nein, ich irre mich, als ich sechs war, brachen in mir die ersten Zweifel an der Allmacht des Vaters auf.
Es hatte Zeugnisse gegeben, und für das Fach Deutsch stand da: Befriedigend. Ich war empört, rannte weinend aufs Gericht zu meinem Vater, verlor in der Aufregung in Treppen oder Gängen des Justizgebäudes mein kleines rotes Herzportemonnaie mit dem Taschengeld von drei Monaten – offenbar war ich ein sparsames Mädchen –, und niemand brachte die Kindergeldbörse zurück. Klauen die denn auf dem Gericht? Zum Kummer über die ungerechte Deutschnote gesellte sich der Ärger über das verschwundene Geld. Die Zensurfrage klärte Vater durch ein Telefonat mit dem Lehrer, der hatte sich verschrieben. Aus pädagogischen Gründen, sagte er, hätte er allen Kindern in Betragen nur Befriedigend gegeben. Meine Betragensnote fehlte, dafür stand die Drei fälschlich beim Fach Deutsch. Der Lehrer korrigierte sich und ich bekam eine Eins. Diese Geschichte kam ins Reine, aber es blieb die verlorene und nicht abgelieferte Börse, wo sie doch auf dem Gericht ein so großes Fundbüro hatten.
Später ging mehr verloren als rote Herzportemonnaies,und kein Vater vermochte einen davor zu bewahren. Wäschekorb, Kinderbett, Wärmflaschen dahin, zusammen mit der Geborgenheit in der Heimat.
Dennoch war nie blinder Vertriebenen-Revanchismus in uns, wir fühlten uns schuldig. Vater, in der Justiz, blickte nicht nur stur in seine Scheidungsakten, er hatte manches mitbekommen. Ein seltsames Wort schnappte ich auf aus den Gesprächen der Eltern während der Kriegszeit: Konzertlager. Umschreibung der Konzentrationslager, dorthin verschwanden viele Juden. Automaten-Paule und sein Bruder kannten manche jüdische Familie, und die waren plötzlich weg, von einem Tag zum andern.
Dafür werden wir büßen müssen, sagte mein Vater, durchaus nicht der Deutsche, der von allem nichts gewußt hat. Er büßte in Sibirien, während die Nazis, unsere Goldfasane aus der Siedlung, beizeiten getürmt waren und im Westen längst wieder in Amt und Würden saßen, als er aus Rußland zurückkam.

Immerhin hatte es ihn auch aus dem Sibirien-Strudel wieder hochgedreht. In den Lagern arbeiteten viele jüdische Ärzte, erzählte der Heimkehrer. Sie kniffen ihn in die hungerschlaffen Hinterbacken und sagten dem abgezehrten Mann: Gehen Sie schlafen. Er erholte sich ein paar Tage auf der Pritsche und war dann fähig zu leisten, was man von den Gefangenen verlangte.

Daß die Schlesier mehr bezahlen mußten für Hitler als die Bewohner anderer deutscher Provinzen, nahmen wir hin. Daß wir zum Schaden noch den Spott erfuhren und das verächtliche: Äähh, Flüchtlinge! stachelte uns an, es den Eingesessenen zu zeigen. Wir mußten emsiger sein als die Nicht-Vertriebenen. Mobilität – heute eine Forderung der Massengesellschaft – war uns durch die Kriegsfolgen aufgezwungen worden, und so waren wir mobil. Vom Justizangestellten über den Bergwerksbuchhalter zum Prüfer für bargeldlosen Zahlungsverkehr, der Vater stand seinen Mann. Hatte er es mal dicke, gab es die bewährten Trösterchen. Er mußte Außendienst machen bei der Sparkasse, und der mobile Herr Hoffmann drehte, wie einst in Liegnitz für Automaten-Paule, seine Runden durch eine Menge Kneipen. Streng dienstlich am Anfang, schließlich war er eingestellt, zu kontrollieren, ob auch die Gastwirte ihre Zahlungen bargeldlos erledigten, das schien der DDR ungeheuer wichtig zu sein.

Manche Tage war mein Vater für meinen Geschmack allzu locker. Er beschränkte den Aufenthalt in den verschiedenen Lokalen nicht streng auf die Dienststunden, und wir harrten mit dem Abendbrot vergeblich des Familienoberhaupts. Die Autorität, die dabei in die Binsen ging, beanspruchte er bei anderen Gelegenheiten. Nicht mit körperlicher Gewalt, dafür war er zu sensibel. Ich gehöre zu den glücklichen Kindern, die von den Eltern nie geschlagen worden sind. Doch mitunter hatte der Mann sämtliche Berufe und seine Familie gründlich satt, war es leid, der einzige Verdiener zu sein. Meine Mutter besorgte den Haushalt, nähte für uns, was sich heute einfacher anhört als es damals war, wo jede Garnrolle, jeder Meter Stoff ein Vermögen bedeutete. Eine ungemein häusliche Hausfrau, eine liebevolle Mutter, beides zu Lasten ihrer Ehe. Sie überhörte hundert herzliche Bitten ihres Mannes, doch mal mit ins Lokal zu kommen, fand keinen Spaß daran, was ihr gutes Recht war, andererseits verübelte sie es ihm, wenn er so oft verkaschelte. Die ständige Versicherung unseres Kneipengängers, es hätte ihn überhaupt nichts gekostet, wurde durch die Wiederholung nicht wahrer. Saufen verschlingt Geld und Mutter schimpfte: Wenn ich auch noch mit in den Kneipen rumhinge, hätten wir bald nichts mehr zu brechen und zu beißen.

Nach den langen Nächten war mein Vater morgens verkatert und übellaunig. Er mußte Tag für Tag los, Geld herbeischaffen und fand, Frau und Töchter lägen derweil auf der faulen Haut. So sehr er sich sonst über mein Fortkommen in der Schule freute, in solchen umdüsterten Morgenstunden war ihm das völlig schnuppe. Im absoluten Stimmungstief ließ er eines Tages bargeldlosen Zahlungsverkehr bargeldlosen Zahlungsverkehr sein, setzte sich in den Zug und fuhr nach Leipzig, wohin es den Liegnitzer Automaten-Paule bei Kriegsende verschlagen hatte. Dort bedauerten sie von Herzen das arme, ausgebeutete «Kurtel» und legten ein Scheitel an (heizten ihm ein). Wie, eine fast erwachsene Tochter daheim, ich war damals achtzehn, und die drückt die Schulbank, drückt sich also vor der Pflicht, dem Vater materiell beizustehen. Was braucht das Mädel Abitur? Unsere Lilo (meine Kusine) verdient seit ihrem sechzehnten Lebensjahr, wieso nicht Ingrid? Vater kam zurück und hatte einen Job für mich beim Leipziger Fernmeldeamt, wo auch Automaten-Paules Tochter angestellt war. Das Gehalt, das mich dort erwartete, war schon aufgeteilt. Wohnen und essen sollte ich bei der Verwandtschaft, und was ich so sparte, könnte dem bemitleidenswerten Kurtel überwiesen werden.

Als ich meine Zukunftsperspektiven erfuhr, kriegte ich erst einen Wutanfall und dann einen Heulkrampf. Wollte nicht von der Schule, kurz vorm Abitur. Ich haßte meinen Vater, der mir so radikal den Traum vom Studium zerstörte. Wozu hatte er mir Buch um Buch gebracht, wenn ich fortan vorm Fernschreiber sitzen und gleichgültige Sätze in einen Apparat tickern sollte. Außerdem stimmte es nicht, daß ich dem Vater völlig auf der Tasche lag, ich brachte ein Leistungsstipendium heim, 45 Mark im Monat, das war nicht viel, doch verglichen mit

seinem Gehalt von reichlich vierhundert Mark konnte sich der knappe Fünfziger schon sehen lassen. Überdies gab ich Nachhilfestunden, nicht schlecht bezahlt.
Meine Mutter, aus Frühzeiten mit guten Gründen Automaten-Paules Einflüssen gegenüber allergisch, wuchs über sich hinaus. Sie lief von Lehrer zu Lehrer, schleppte ihren Mann ins Gymnasium, und dort hörten sie überall, es sei doch Wahnsinn, mich von der Schule zu nehmen. Fürs Studium hätte ich bei meinen Noten ein Stipendium zu erwarten und würde die Eltern kaum etwas kosten.
Den Einflüsterungen des älteren Bruders entzogen, besann sich Vater auf sein besseres Selbst. Nach einer Woche Toben, Trübsal und Tränen stand fest, ich durfte Abitur machen. Nur war zwischen dem Vater und mir etwas kaputtgegangen. Fortan verschaffte ich mir Über-Väter: den Staat, die DDR also, die damals Bildungshunger eindeutig förderte und belohnte. Verständnisvolle Lehrer und dann die Professoren an der Universität. Platonische Vater-Lieben, wo mein Vertrauen zum realen Vater so bitter enttäuscht worden war.
Hätschelte ich einen Bildungsdünkel? Wir waren als Flüchtlinge trotz allen Fleißes materiell unterlegen. Das durchschaute ich vom ersten Tag an in Dahme. So viele saßen sicher in Besitz und Beruf, die konnten höchstens durch Leistung eingeholt werden. Und ich leistete. Erlitt auch Schlappen, ergatterte nach dem gegen väterlichen Widerstand durchgesetzten Abitur nur schwer einen Platz an der Universität. War kein Arbeiter- oder Bauernkind, trotz guter Zensuren belastete die «kleinbürgerliche» Herkunft.
In Leipzig hatten sie vielleicht mir gegenüber ein schlechtes Gewissen. Automaten-Paules Tochter war verlobt mit einem Germanisten, dessen Bruder studierte am Philosophischen Institut der Karl-Marx-Universität, dort sollte es freie Plätze geben.
Die Verwandtschaft, die mir die Uni erst verschließen wollte, öffnete sie mir jetzt. Ich immatrikulierte mich im Fach Philosophie. Lehrstuhlinhaber: Ernst Bloch. Traf am Institut nicht nur auf Ernst Bloch, sondern auch auf einen seiner Studenten: Gerhard Zwerenz.

Lauter Über-Väter, wie ich heute erkenne. Obwohl ich es damals weit von mir gewiesen hätte, dem zwar zehn Jahre älteren Freund, Arbeitskollegen, Kommilitonen, Geliebten und Liebhaber Zwerenz auch noch die Vaterrolle aufzubürden.

Vor den vielen Eindrücken in Leipzig verblaßte der wirkliche Vater in der Mark Brandenburg. Er hatte sich abgefunden mit meinem Studium, ich hatte meinen Kopf durchgesetzt, und nun sollte ich seinetwegen beweisen, daß ich vom Kopf her leben konnte. Es ging, das Stipendium wurde erwartungsgemäß bezahlt, der staatliche Ersatz-Vater funktionierte. Ich brachte den Eltern kein Geld, kostete sie aber nichts mehr.

Vater, der Revisor, machte sich nützlich, kannte von seinem Job her Papierfabrikanten und verschaffte dem schreibenden Gerhard manche Packung holzfreie Din-A-4-Seiten, eine Kostbarkeit in der DDR. Auch sonst kamen die beiden miteinander zu Rande. Gerhard, dessen Vater mit fünfzig Jahren gestorben war, akzeptierte den Schwiegervater in großer Geduld. Zuerst bei Besuchen in Dahme, dann nach dem Umzug in die Mark, wo Gerhard und ich vor politischen Querelen in Leipzig untergeschlüpft waren.

Wir wohnten alle unter einem Dach, und mein nachts immer häufiger abwesender Vater amüsierte Gerhard in dem Maße, wie er mich reizte. Ein lieber Süffel und Schussel, meinte Zwerenz, während ich mich der Vater-Ruine schämte. Der Abbau war nicht zu übersehen.

Ich war hochschwanger und hochempfindlich. Im Begriff, den Vater zum Großvater zu machen, verübelte ich ihm die Zeichen der Senilität, die nicht von seinen Jahren, sondern von seinen Süchten herrührten. Selbstverständlich registrierte die Kleinstadt seinen Verfall. Ach, Ihr Vater, sagten die Leute mitleidig zu mir, ein so guter Kerl, guckt gern ins Glas, Gerhard, politisch in einer verzwickten Situation, fuhr dreimal nach Westberlin und kehrte jeweils zurück. Vor der Mauer war das noch möglich.

Weder Gerhard noch mir fiel es leicht, den Über-Vater DDR zu verlassen, mochte der sich auch in einen zürnenden, strafenden Vater verwandelt haben.

Und dann blieb Gerhard doch im Westen, ich hatte seinen Weggang zu verkraften und unser Kind zur Welt zu bringen. Mutter und jüngere Schwester waren zuverlässig, aber Herr Hoffmann drehte seine Lokalrunden, jetzt besaß er gute Gründe, die aufgepeitschten Nerven mit Alkohol zu beruhigen. Schwiegersohn Republikflüchtling, häufige Haussuchungen und die fadenscheinigen Erklärungen der Tochter, die versicherte, zwischen ihr und dem Ehemann gäbe es schon lange politische Differenzen. Das war so verabredet. Vater hielt sich brav an die Sprachregelung, und während die Stasi-Leute Gerhards Schreibtisch durchsuchten, war die übrige Familie zum Stillsitzen im Nebenzimmer verdammt. Vater plagten Hustenanfälle, aber er durfte nicht raus an die frische Luft. Er dröhnte, daß die Durchsucher ihr eigenes Wort nicht verstanden.
Nach ein paar Wochen spendeten Vater, Mutter, Schwester wieder die Familienwärme, die diesmal nicht ich nötig hatte, sondern Gerhards und meine Tochter. Sie versorgten den Säugling, während ich zu Gerhard nach Westberlin ging. Einige Monate später waren wir alle «drüben», und wie immer in Notsituationen, tat der Vater seine Schuldigkeit. Stand das Notaufnahmeverfahren in Marienfelde durch, verzichtete auf die Flasche, kehrte abends heim von den Verhören und war so zerrüttet, daß er sich die Butter aufs Holzbrettchen statt aufs Brot strich.
Zuerst im Westen lagen wir alle Gerhard auf der Tasche, lagen nicht nur, sondern saßen an verschiedenen Schreibmaschinen, zumindest die Familienmitglieder, die tippen konnten. Vater und ich also. Weil die Wohnung sehr eng war, siedelten wir ihn im WC an, er hockte auf dem Klosettdeckel und hämmerte Zwerenz' Texte in die Maschine. Das Bad war ganz gemütlich und die alte Schreibdisziplin rastete ein beim Angestellten Hoffmann.
Dann häuften sich Unzuträglichkeiten. Oma und Opa hatten unsere Tochter Catharina, geboren auf der Kippe zwischen DDR und BRD, unglaublich verwöhnt, wie Gerhard und ich fanden. Entweder Großeltern oder Eltern – beide zusammen taten dem Kleinkind nicht gut.
Meine Familie machte sich auf zu Verwandten in der Ober-

pfalz. Jahrelang sahen wir uns nur zu kurzen Besuchen. Da meinte Gerhard, das Einzelkind, und deshalb bestimmt von geheimer Sehnsucht nach großer Familie, wir sollten die Eltern wieder zu uns nehmen.

Wir mieteten in München ein kleines Häuschen mit großem Garten. Finanziell waren Vater und Mutter gesichert. Wir zahlten Heizung und Strom für die beiden, waren aber gewiß, daß immer jemand Haus und Tochter hütete. Catharina war über Jahre hinaus den allzu verzärtelnden Einflüssen der Großeltern entzogen gewesen, jetzt sollte sie sich ruhig der Betulichkeit von Oma und Opa erfreuen.

Es lief alles ganz gut. Vater gewöhnte sich daran, einen Hausschlüssel bei sich zu tragen, weil der extrem geräuschempfindliche Gerhard bei jedem Klingeln an der Tür aus der Arbeit aufschreckte. Die vertriebenen Liegnitzer lernten München und seine Umgebung kennen. Gerhard fuhr uns im Auto herum. Zwerenz litt, ertrug aber den alten Herrn und seine merkwürdig verhuschten Anmerkungen, wenn wir bei Wein oder Bier an einem der vielen bayerischen Seen saßen.

Warum, fragte Gerhard nach den anstrengenden Erholungsausflügen unter vier Augen, ist denn der Mann bloß so nervös? Was hat er manchmal beim Reden für schwere Hindernisse zu überwinden?

Ich forschte Mutter aus und hörte, daß Vater als kleiner Junge einen Bruder betreuen mußte, der geistig behindert gewesen war. Kurt, ursprünglich völlig gesund, übernahm im Laufe der Jahre das holpernde Sprechen des kranken Ernstel, krampfartige Gesichtszuckungen und die Unfähigkeit, klare Worte zu bilden, wenn ihm jemand auf den Mund schaute.

Der kranke Bruder starb früh. Die Sprecherziehung in Dortmund hatte meinen Vater geheilt, aber mit zunehmenden Jahren verweigerte die Zunge ihm oft wieder den korrekten Dienst.

Manche Eigenschaften des Vaters erklären sich wohl aus den traurigen Erfahrungen mit dem kranken Bruder. Hatte er deshalb unbedingt eine Tochter gewollt? Um auch die geringste Erinnerung an den armen Jungen zu tilgen und die Furcht, so was könne sich beim eigenen Sohn wiederholen?

Mein neun Jahre älterer Bruder zögerte weder beim Sprechen noch stotterte er, aber ihn hatte der damals vielleicht zu junge Vater nie recht angenommen.
Günter wuchs bei einem Onkel und einer Tante auf, die selbst kinderlos waren. In unserer Familie gab er nur Gastrollen.
Alle Liebe und Aufmerksamkeit wandte Vater mir zu, sogar zu Lasten meiner jüngeren Schwester, die ihm äußerlich viel mehr glich. Und zuerst erwiderte ich von Herzen diese unbedingte Zuneigung; wenn ich ihn später hart anfuhr, geschah das wohl aus Enttäuschung über seine Sauftouren. Wie konnte er mein Vater-Ideal so zugrunde richten? Mit der Unduldsamkeit der Jugend hackte ich auf dem armen Mann herum. Laß dich doch bloß nicht so gehen, schimpfte ich. In den letzten Jahren vertrug er nicht mehr viel Schnaps und Bier, auch das Rauchen mußte er einschränken, da verfiel das Nervenbündel auf Tabletten. Wenn ich ihn in München im schönen, butzenscheibengezierten Erker sitzen sah und die Valiumdöschen um ihn herum, war ich schon sauer. Dieser stiere Blick, die chemisch erzeugte Gleichgültigkeit. So selten waren die Tage, an denen man wirklich mit ihm reden konnte, wo etwas von seinem alten Charme und Witz aufleuchtete.
Also nein, sagte er, dieser Reinecker im «Kommissar» mit seinen fertigen Leichen!
Fernsehen war als neue Droge hinzugekommen, aber das verstand ich. Aber eine andere neuerworbene Abhängigkeit reizte mich bis zur Weißglut: Vater las öfter die BILD-Zeitung. Zwar suchte er das Blatt blitzschnell zu verstecken, wenn ich ins Zimmer trat, doch die zitternden Hände gehorchten nicht so rasch. Ich hatte immer einen gewissen demokratischen Urstrom in den väterlichen politischen Urteilen festgestellt, verblödete er jetzt dermaßen, daß er auf Springer hereinfiel? Überforderte ich den knapp Siebzigjährigen? Tyrannisierte ich den Mann, der zwei Weltkriege und kein leichtes Leben hinter sich hatte?
Gerhard stöhnt oft: Wenn du nur gegen dich selbst so unerbittlich wärst wie gegen die armen Opfer deiner Liebe und Bewunderung. Du neigst dazu, die Leute, an denen dir liegt, zärtlich zu umarmen und ihnen dabei die Luft abzudrücken.

Meine Tochter nennt mich 'ne nette Mutter, nur leider arbeitssüchtig und übertrieben anspruchsvoll.
Wenn sich mir jemand zuwendet, danke ich ihm das tatsächlich dadurch, daß ich ihn völlig vereinnahme? Habe ich das mit dem Vater schon versucht? Muß ich ihm abbitten? Dem von ihm ererbten verdammten Hang zum Trinken, lange unterdrückt, gebe ich ihm jetzt nicht auch nach?
Catharina meint: Beim Großväterchen hat es wenigstens zwanzig Jahre gedauert, bis er hustete, daß Decken und Wände bebten. Du krachst schon nach zwei Jahren Rauchen wie ein Gewitter im Hochgebirge.
So was hat seinen armen Vater für jede Zigarette angeblafft! Und, liebe Ingrid, weil wir gerade abrechnen: Der Opa schluckte ganz schöne Mengen Schnaps und Bier, blieb aber schlank. Bei dir sieht man jedes Glas, das du zu viel kippst.
Weil ich mich nicht verteidigen kann, greife ich an: Gut, entschuldige du deinen Großvater. Doch hast du mich noch nie aus den Kneipen der Stadt aufsammeln müssen, während die Leute ringsum dämlich grienten. Deine Eltern haben auch nie gedroht, dich kurz vorm Abi von der Schule zu nehmen, damit du endlich Geld verdienst!
Ist doch klar, sagt Catharina, daß dein Vater manchmal die Schnauze voll hatte und Hilfe von dir erwartete. Schließlich hast du ja studiert, am Ende wurde er dir gegenüber immer wieder weich, und nur du beurteilst ihn so hart.
Liefert die Enkeltochter hier das Verständnis, daß ich als Tochter oft nicht aufbrachte? Catharina harmonierte mit dem Großvater, der in das Mädchen vernarrt war wie einst in mich.
Und ich sitze da mit meinem gespaltenen Vater-Bild, stehe an seinem Urnengrab in Nieder-Roden, blicke auf das falsche Geburtsjahr, in mir sind falsche Gefühle und richtige, manchmal bin ich sentimental und heule, mitunter streife ich bloß eilig Tannennadeln und Erde oder Schnee vom Gedenkstein, und fahr heim, arbeiten.
Wenn ich von meinem Vater träume, sehe ich ihn ausgedörrt und winzig wie eine Handpuppe, höre ihn reden. Ein Wesen, zusammengeschrumpft auf Alraunen-Größe.

Vater starb schwer und über viele Tage. Hatte, zu guter Letzt, noch einmal den Federhalter geschwungen. Einen Zettel fanden wir, bedeckt mit krakeligen Buchstaben: Nach meinem Tode möchte ich verbrannt werden.
Viel Wärme, mir gespendet zum Lebensbeginn, wünschte er sich am Lebensende. Die Glut der Verbrennungsroste im Krematorium. Ich verstehe meinen Vater gut. Ich möchte auch nicht in die kalte Erde.

Margot Lang
Nachwort

Die hier vorliegenden kleinen Erzählungen sind ganz und gar nicht spektakulär – ihre Entstehungsgeschichte haben wir, die Autorinnen, als «sensationeller» empfunden als das gedruckte Ergebnis. Beinahe zwei Jahre haben wir gebraucht, um diese wenigen Erzählungen auszugraben, zu schreiben und zusammenzustellen. Zwar sind die Geschichten mehr als alltäglich: das Thema «lag auf der Straße». Aber Erzählen und Erzählen war für die meisten von uns nicht das Gleiche. Immer wieder mußte ich bei meinem Bemühen, Autorinnen für mein Vorhaben zu gewinnen, den gleichen Vorgang beobachten: Von mir befragt, begann man selbstversunken und angeregt vom Vater zu erzählen. Oft stundenlang. Aber auf die Frage, ob denn ein Interesse an schriftstellerischer Mitarbeit bestehe, gab es immer wieder zögernde Antworten: «Schon, ich persönlich habe ja eine ganz verrückte Vaterbeziehung . . . aber darüber schreiben, ich weiß nicht . . . ich glaube, das geht irgendwie nicht . . .»

Möglich wurden viele Geschichten nur, indem ich zunächst mit den Autorinnen ein Tonband-Gespräch führte, das Protokoll und Arbeitsgrundlage zugleich war; nur schrittweise kam man so weiter. Der Titel: «Stecknadeln in der Seele, oder: Do-it-yourself-Analyse zum Nulltarif», den Ilona Lörincz ihrer Vatergeschichte gab, drückt ziemlich präzise aus, wo die eigentlichen Schwierigkeiten unserer Arbeit lagen: Viele Jahre hatten die meisten von uns mit ihren Vätern zusammen gelebt, hatten gute und schlechte Erfahrungen gemacht, waren den unterschiedlichsten Einflüssen ausgesetzt, oft durch ein ziemlich schockartiges Wechselbad aus Haß und Liebe gegangen.

Um so größer die Mühe, ein paar Seiten Wahrheit «herauszuquetschen». Unter einer Decke selbstgewählter Klischees entdeckten wir in suchenden Gesprächen die Spuren der «Steckna-

deln», von Fremdkörpern, die anscheinend unbemerkt über Jahre hinaus in uns gesteckt – und sicher doch auch geschmerzt hatten.
Aber wo anfangen das alles zu beschreiben, wie flüssige Zusammenhänge finden für die Kette von Blitzlichtern, die nach und nach auftauchten.
Heute sehen wir, Gemeinsamkeiten sind offensichtlich: Fast immer überwiegt beim kleinen Mädchen die Vertrauensseligkeit. Kein Wunder. Eindeutig liegt auf der Hand, wer der Stärkere ist. Väterliche Autorität wird akzeptiert, zumal sie den so notwendigen Schutz gegen eine bedrohliche Außenwelt bietet.
Machtwechsel vollzieht sich dann in der Zeit der Pubertät, andere Stellen im Vaterbild werden aus dem Dunkel geholt, plötzlich hell beleuchtet und der Kritik ausgesetzt.
Aus einer veränderten Sichtweise der Tochter ergibt sich auch eine veränderte Handlungsweise: sie sieht nicht nur anderes, tatsächlich geschieht auch anderes. Sie hat sich verändert, und er, der Vater hat sich nun auch ändern, das heißt, im besonderen ihr gegenüber anders verhalten müssen. Verunsicherung ist zu sehen. Und welche Erscheinungsform auch immer diese Unsicherheit wählt, ob sie sich autoritär oder resignierend, abweisend, übervorsichtig gebärdet, das Wesen des Problems ist dasselbe.
«Vater», das ist nun ein von Eifersucht geplagter Mensch, schwankend zwischen Angst und Hoffnung. Kultur und Natur mißtrauisch beobachtend, die nun die weitere Gestaltung «seines Werkes» übernommen, es ihm entfremdet haben. Er ist kaum mehr gefragt, denkt er. Fahrig, unsicher, verletzt und jämmerlich, ist er nun gar nicht mehr begehrenswert. Aus seinem alarmierten Blick, in seinem von hinterhältigsten detektivischen Fähigkeiten bestimmten Verhalten gibt er eher das Bild eines betrogenen Ehemannes ab.
Zum Vertrauten taugt er so nicht.
Vor allem da, wo es um «Männer» geht, versucht er seine unpassenden Ratschläge loszuwerden: «Das ist nicht der Richtige für dich», «das ist kein Umgang», oder als raffinierte Variante: «Ich habe ihn gerne, aber er ist dir ganz und gar nicht

gewachsen.» Häufiger Schlußsatz: «Und überhaupt wird nichts aus dir, wenn du so weitermachst . . .»
So oder doch zumindest im wesentlichen ähnlich, erleben Kind, Mädchen, Teenager und junge Frau in den Autorinnen «den ersten Mann in ihrem Leben» – vielleicht nicht zufällig mit Ausnahme zweier sehr erfolgreicher Frauen, Hanna-Renate Laurien und Elisabeth Müller-Luckmann. – Möglichkeit und Unmöglichkeit einer inneren und äußeren Loslösung von dieser zentralen Leitfigur beschreiben sich unterschiedlich, auch in unseren Geschichten.
Schließlich die Frage: Wo aufhören, wann ist sie zu Ende, «meine Vatergeschichte»? Oder, wie schafft man wenigstens auf dem Papier einen eleganten «Absprung» vom Thema.
Auch nach der letzten geschriebenen Zeile bleiben Fragen, werden bestimmt auch für den Leser bleiben.
Während jede unserer Geschichten eine Antwort entwickelt, eine Lösung gefunden zu haben glaubt, bringt sie selbst neue Fragen hervor; fordert zwingend weiterzusuchen.
Wenn schon. Wir haben es mit Bernhard Shaw gehalten, der einmal sagte: «Wenn man das Familiengespenst nicht los werden kann, muß man es tanzen lassen.»

Zu den Autorinnen

Renate Bauer ist 1943 in Liegnitz, Schlesien, geboren, hat eine kaufmännische Lehre begonnen und war Fabrikarbeiterin. Sie ist verheiratet, Mutter von drei Kindern und als Haushälterin tätig.

Christel Burgert ist in Leipzig geboren. Sie lebt in Offenbach und leitet das Frankfurter Kabarett «Die Maininger». Neben eigenen Programmen hat sie Erzählungen und Hörspiele für Kinder geschrieben.

Sylvia Düx, 1953 in Marburg geboren, steht zur Zeit im ersten juristischen Staatsexamen.

Susann B. Haim ist 1939 in einem Dorf im Taunus geboren. Nach dem Abitur studierte sie am Dolmetscherinstitut der Universität Mainz. Heute lebt sie in Frankfurt und ist an einer Bank tätig.

Margot Lang, geboren 1945 in Singen, war Fotografin, Hausfrau und Mutter, Sekretärin; 1973 machte sie das Abitur nach. Heute studiert sie Politik und Germanistik und arbeitet als Journalistin.

Hanna-Renate Laurien ist 1928 in Danzig geboren. Studium der Germanistik, Anglistik und Philosophie in Berlin; Staatsexamen und Promotion. Seit 1951 im Schuldienst des Landes Nordrhein-Westfalen – in Schule, Kultusministerium, Studienseminar. Ab 1965 Oberstudiendirektorin eines Kölner Mädchengymnasiums. Seit 1971 Staatssekretärin, seit 1976 Kultusministerin des Landes Rheinland-Pfalz. Stellvertretende Bundesvorsitzende der Christlich-Demokratischen Union Deutschlands. Mitglied des Vorstands des Katholischen Deutschen Frauenbundes und des Vorstands des Deutschen Frauenrats.

Ilona Lörincz, geboren 1940 in Berlin, war Modegestalterin und Sekretärin. Sie «wandelt immer noch auf bürokratischen Wegen».

Elisabeth Müller-Luckmann, 1920 in Braunschweig geboren, studierte Psychologie. 1955 habilitierte sie sich; sie lehrte an der Universität Göttingen und ist heute Professorin an der Technischen Universität Braunschweig. Von 1970 bis 1975 war sie Vorsitzende der Deutschen Gesellschaft für Sexualforschung. Spezialgebiet: gerichtliche Gutachtertätigkeit. Sie hat zahlreiche wissenschaftliche Arbeiten veröffentlicht und ist Kolumnistin der Zeitschrift «Für Sie».

Claudia Reinhold ist 1957 in Leipzig geboren. Sie lebt in Frankfurt und studiert Germanistik.
Christel Schütz, geboren 1947 in Celle, hat eine Buchhändlerlehre absolviert und arbeitet als Verlagslektorin in Darmstadt.
Ingrid Zwerenz ist 1934 in Liegnitz geboren. 1953 bis 1958 Studium der Philosophie an der Karl-Marx-Universität Leipzig und der Freien Universität Berlin. Verheiratet mit dem Schriftsteller Gerhard Zwerenz seit 1957, im selben Jahr Geburt der Tochter Catharina. 1968 Sammlung und Herausgabe von «Anonym – Schmäh- und Drohbriefe an Prominente». 1973 «Ein Loch muß in den Zaun» (Kinderbuch). 1974 «Von Katzen und Menschen». – Ingrid Zwerenz lebt heute bei Frankfurt am Main.

Der Kampf um Frauenrechte ist ein Kampf um Menschenrechte

Frauen aktuell – Herausgegeben von
Susanne von Paczensky

Baumgartner-Karabak, Andrea/Landesberger, Gisela
Die verkauften Bräute. Türkische Frauen zwischen Kreuzberg und Anatolien
(4268)

Benard, Cheryl/Schlaffer, Edit
Die ganz gewöhnliche Gewalt in der Ehe. Texte zu einer Soziologie von Macht und Liebe
(4358)

Däubler-Gmelin, Herta
Frauenarbeitslosigkeit oder Reserve zurück an den Herd!
(4183)

Jochimsen, Luc
Sozialismus als Männersache oder Kennen Sie „Bebels Frau"?
Seit 100 Jahren ohne Konsequenz
(4350)

Paczensky, Susanne v. (Hg.)
Frauen und Terror. Versuche, die Beteiligung von Frauen an Gewalttaten zu erklären.
(4277)

Pro Familia Bremen (Hg.)
Wir wollen nicht mehr nach Holland fahren. Nach der Reform des § 218 – Betroffene Frauen ziehen Bilanz
(4272)

Annette/Barbara/Carmen/Carola/Gabi/Katharina/Magda/Monika/Rosi/Susanne/Yvette
Die Hausfrauengruppe oder Wie elf Frauen sich selbst helfen
Herausgegeben von Carmen Thomas
(4359)

In der Reihe rororo aktuell.
Herausgegeben von Freimut Duve

166/63 f